ŒUVRES COMPLÈTES

DE

EUGÈNE SCRIBE

DE L'ACADÉMIE FRANÇAISE

OPÉRAS

COMIQUES

LA FIANCÉE DU DIABLE

JENNY BELL

MANON LESCAUT

E. REIBER inv.

ES

PARIS

E. DENTU, LIBRAIRE-ÉDITEUR

PALAIS-ROYAL, 17-19, GALERIE D'ORLÉANS

— 17.

1880

ŒUVRES COMPLÈTES

DE

EUGÈNE SCRIBE

DE L'ACADÉMIE FRANÇAISE

RÉSERVE DE TOUS DROITS

DE PROPRIÉTÉ LITTÉRAIRE

En France et à l'Étranger.

LA
FIANCÉE DU DIABLE

OPÉRA-COMIQUE EN TROIS ACTES

En société avec M. H. Romand

MUSIQUE DE VICTOR MASSÉ.

Théatre de l'Opéra-Comique. — 5 Juin 1854.

PERSONNAGES.	ACTEURS.
LE MARQUIS LÉONARD DE LANGEAC	MM. Couderc.
MESSIRE MATHÉO, intendant et secrétaire du cardinal légat.	Bussine.
ANDIOL GUILLEMARD, son cousin, jeune ouvrier armurier	Puget.
PISTOÏA, bourgeois et marchand d'Avignon.	Sainte-Foy.
RAYMOND, ami du marquis.	Chapron.
GILLETTE, sœur d'Andiol.	Mmes Lemercier.
CATHERINE BAZU, jeune fille, amie de Gillette.	Boulart.

Jeunes Seigneurs, amis du marquis. — Villageois.

Dans un village près d'Avignon, au xvie siècle.

LA
FIANCÉE DU DIABLE

ACTE PREMIER

Une place de village. — Un grand arbre au milieu. A gauche, sur le troisième plan, l'entrée d'une ferme ; sur le second, une rue ; sur le premier, l'atelier d'un armurier. A droite, la façade d'une belle maison de bourgeois de ce temps-là. Du même côté, un banc de pierre.

SCÈNE PREMIÈRE.

GILLETTE, pensive, assise sur le banc à droite, et tournant un fuseau, puis ANDIOL.

INTRODUCTION.

ROMANCE.

GILLETTE.

Ah! dans ma pensée,
Tremblante et glacée,
Quand je lis parfois,

Soudain je m'arrête,
Je baisse la tête,
Je reste sans voix !
Et de ma quenouille
Le lin qui s'embrouille
Casse entre mes doigts !

ANDIOL, *sortant de la gauche, et battant le fer sur une enclume placée à la porte de son atelier.*

Quand le feu s'allume
En mon noir fourneau,
Quand sur mon enclume
Tombe le marteau,
Je sens en moi-même
Plus de feux encor !
Pour celle que j'aime
Mon cœur bat plus fort !
Plus fort !
Plus fort !

GILLETTE, *levant les yeux.*
De bon matin, mon frère est à l'ouvrage !

ANDIOL.
De bon matin, tu travailles, ma sœur !

GILLETTE.
Douce chanson nous donne du courage !

ANDIOL, à part.
En chantant, moi, j'augmente ma fureur !

Ensemble.

ANDIOL, à part.
Quand le feu s'allume, etc.

GILLETTE, à part.
Ah ! dans ma pensée, etc.

(On entend du bruit vers le fond de la place, à gauche.)

GILLETTE.
Quelle rumeur dans le village !

ANDIOL, regardant vers le fond.
Eh! quel est donc ce grand seigneur?

GILLETTE, de même.
On s'incline sur son passage!

ANDIOL, de même.
Chacun le traite avec honneur!

(Mathéo paraît au fond, à gauche, précédé et suivi de quelques paysans qui le saluent avec respect, puis se retirent en silence.)

SCÈNE II.

LES MÊMES; MATHÉO et QUELQUES PAYSANS.

AIR.

MATHÉO.

Humbles toits... asile champêtre
Où j'ai laissé tous mes amis!
O village qui m'as vu naître,
Je te revois, je te bénis!

C'est ici que ma jeunesse
Ignora les vains désirs,
C'est ici que, plein d'ivresse,
Mon cœur s'ouvre aux souvenirs.

Humbles toits, asile champêtre, etc.

GILLETTE, passant près d'Andiol, après avoir examiné Mathéo.
Plus je regarde...

ANDIOL.
Qu'est-ce?...

GILLETTE.
Et plus je l'examine,
Malgré six ans d'absence... oui, mon cœur le devine,
C'est lui!...

ANDIOL.
Qui donc!

GILLETTE.

Notre cousin Mathieu!

MATHÉO, se retournant et les apercevant.

Quoi! Gillette!... Andiol!... ah! j'en rends grâce à Dieu!

GILLETTE, passant près de lui.

Et nous donc! votre seule vue
Rend la joie à notre âme émue!

Ensemble.

MATHÉO.

Humbles toits, asile champêtre
Où j'ai laissé tous mes amis!
O village qui m'as vu naître,
Je te revois, je te bénis!

GILLETTE et ANDIOL.

Humble toit, asile champêtre
Où respirent ses vrais amis!
Village qui l'avez vu naître...
(Voyant Mathéo qui essuie une larme.)
Vous charmez ses yeux attendris!

ANDIOL, le regardant.

Comment, c'est toi... je veux dire, c'est vous, monseigneur, qui êtes notre cousin Mathieu!

MATHÉO.

Dis messire Mathéo... c'est mon nouveau nom!

ANDIOL.

Vous nous aviez bien annoncé que vous quittiez le village pour faire fortune!

MATHÉO.

Et j'ai réussi... intendant et secrétaire du cardinal légat!

ANDIOL.

Mais vous êtes une puissance, monseigneur!...

MATHÉO, leur prenant la main à tous deux avec bonté.

Un seigneur, qui sera toujours votre ami, car vous avez

toujours été les miens. De plus, vous êtes ma seule famille... aussi, cousin Andiol, cousine Gillette, vous pouvez, quoi qu'il arrive, compter sur moi.

GILLETTE.

Et qu'est-ce qui vous ramène en ce pays?

MATHÉO.

Depuis que la reine Jeanne de Naples a vendu la ville d'Avignon au Saint-Siége, celui-ci cherche partout à augmenter ses domaines en y réunissant les fiefs et apanages étrangers qui y sont enclavés... tous ceux, bien entendu, qu'il trouvera moyen d'acquérir : c'est pour cela qu'on nous envoie ici en mission secrète... et je vais demeurer...

GILLETTE, vivement.

Avec nous?

MATHÉO.

Non... au palais même d'Avignon... près de mon maître le cardinal légat, un des chefs du saint office!

GILLETTE, avec effroi.

Vous êtes de l'inquisition?

MATHÉO.

Est-ce que cela t'effraye?... est-ce que tu as des secrets à cacher?

GILLETTE.

Non, monseigneur, non, mon cousin... mais dès qu'on parle d'inquisition... on est habitué à avoir peur!

MATHÉO.

C'est ce qu'il faut!... Et depuis mon départ, comment tout le monde va-t-il au pays? à commencer...

ANDIOL.

Par le seigneur du château, monsieur le marquis de Langeac.

MATHÉO.

Soit!...

ANDIOL.

Il est bien changé! A son dernier voyage... il ne traversait jamais le hameau sans nous saluer... n'est-ce pas, Gillette?

GILLETTE, baissant les yeux.

Oui, mon frère!

ANDIOL.

Pour lui qui est fier... c'est quelque chose!... parfois même... il s'arrêtait à la forge et daignait causer avec ma sœur... n'est-ce pas, Gillette?

GILLETTE.

Oui, mon frère!...

MATHÉO.

Ah! il causait avec Gillette!...

ANDIOL.

Lui-même!

GILLETTE, vivement.

Mais depuis plus de trois mois, il est retourné à Paris, à la cour...

MATHÉO.

Il est revenu...

GILLETTE, avec joie.

Ce n'est pas possible...

MATHÉO.

Cette nuit même... il est arrivé avec quelques jeunes gentilshommes de ses amis, assez mauvais sujets qu'il amène avec lui dans ses terres...

GILLETTE, vivement.

En vérité!...

MATHÉO.

Pour y passer le temps des vendanges.

GILLETTE.

Et comment savez-vous tout cela, mon cousin?

MATHÉO.

Ne t'ai-je pas dit que j'étais attaché à l'inquisition? et, en cette qualité, mon état est de savoir... voilà pourquoi j'interroge! Comment va le vieil et fidèle ami de notre famille... le père Bazu, autrefois soldat et à présent fermier?

ANDIOL.

Vous êtes bien bon... Il est mort un an après votre départ.

GILLETTE.

Laissant une belle fortune...

ANDIOL.

Et sa fille Catherine Bazu... bien plus belle encore!

MATHÉO.

Ah! oui, Catherine Bazu, la plus jolie et la plus sage du hameau... après toi, Gillette.

ANDIOL, s'animant.

Et la pauvre Catherine est restée seule à la ferme avec son grand-père... un vieux soldat... goutteux, impotent... qui ne peut bouger de son fauteuil... et dont la tête est encore en plus mauvais état que les jambes.

MATHÉO.

Comme tu t'animes... est-ce que tu lui en veux?

ANDIOL.

Moi... est-ce que je m'en occupe?... est-ce que j'y pense?... est-ce que ça me regarde?... mais tout le monde vous dira qu'il n'a pas le sens commun... qu'il n'a pas une idée... Si... il en a une... une seule... il veut marier sa petite-fille Catherine... ce qui ne lui réussit guère, car voilà déjà deux mariages manqués. Mais rien ne le décourage... c'est aujourd'hui le troisième.

1.

MATHÉO.

Comment, le troisième ?...

ANDIOL.

Oui... oui... Jérôme Pistoïa que vous connaissez... (Montrant la maison à droite.) qui a fait bâtir cette belle maison sur les ruines du vieux château, un bourgeois d'Avignon... un marchand qui s'est enrichi... dans les olives... et pas beau du tout... au contraire... mais, en revanche, brutal, bavard et envieux... eh bien ! cousin, si ça n'est pas une indignité... c'est lui qui est le troisième prétendant... (s'attendrissant.) Et aujourd'hui... et dans quelques heures... il sera le mari de Catherine Bazu.

GILLETTE, vivement.

Eh bien !... qu'est-ce que ça te fait ?...

ANDIOL, essuyant une larme.

Ce que ça me fait ?... cette question !... ce que ça me fait ?... est-ce bête ? à moi ! rien du tout... Mais à cette pauvre Catherine Bazu... avec qui nous avons été élevés... d'enfance !... Catherine, si bonne, si douce, si avenante !... Vous me répondrez : elle est la plus riche du pays... tout le monde en veut ; mais alors... ça serait à elle... et non pas à son grand-père de choisir !... Après cela... tout ce qu'on dira et rien... c'est la même chose... il n'y a plus à y revenir... dans une heure tout sera fini... paraphé et béni, et mieux vaut se taire ?

GILLETTE.

Alors, tais-toi !

ANDIOL.

Et qu'est-ce que je fais donc... est-ce que je dis un mot ?... je cause seulement avec le cousin... qui tenait à être au courant des choses...

GILLETTE.

Et à qui tu ferais mieux d'offrir quelques rafraîchissements.

ANDIOL.

C'est vrai!... pardon, cousin... j'oubliais... c'est ma sœur qui en est cause... avec ses bavardages... Entrez, entrez chez nous... Viens-tu, Gillette?...

GILLETTE, les suivant.

Oui, vraiment.

MATHÉO.

D'autant que je crois entendre... le marquis de Langeac et ses amis qui se dirigent de ce côté...

GILLETTE, vivement.

Vous croyez?...

MATHÉO.

Vois plutôt.

GILLETTE.

C'est juste... Je vous suis, cousin...

(Elle fait quelques pas derrière Mathéo et Andiol, en retournant la tête pour regarder entrer le marquis et ses amis.)

SCÈNE III.

LE MARQUIS, RAYMOND et AUTRES JEUNES SEIGNEURS,
amis du marquis.

LES JEUNES SEIGNEURS.

Parcourons,
Compagnons,
Les vallons
Et les monts!
Dépensons
Et jetons
Nos beaux jours
Aux amours!
Et gaîment,
Saisissant
Le plaisir

Qui va fuir,
Courons sus
Aux argus,
Aux époux,
Aux jaloux !
Guerre à tous,
Tous !

LE MARQUIS.

Sous ce beau ciel, le ciel de la Provence,
Tout est permis, excepté la constance !
Et du Midi le soleil radieux
A dans mon cœur fait passer tous ses feux !

LES JEUNES SEIGNEURS.

Parcourons, etc.

TOUS.

On parle d'une noce !

RAYMOND.

Et quand donc ?

TOUS.

Aujourd'hui !

RAYMOND, gaiement.

Une noce champêtre !... Ah ! cela nous regarde !
C'est par là qu'il nous faut commencer !

LE MARQUIS, les retenant.

Prenez garde !
N'oubliez pas, Messieurs, que nous touchons ici
Aux États du Saint-Siège, à qui je dois hommage !
Car mon père s'était déclaré prudemment
Son vassal !

RAYMOND.

Et pourquoi ?

LE MARQUIS.

De peur qu'en résistant,
De lui l'on ne voulût obtenir davantage !
Car mon puissant voisin de tout temps a rêvé

Ce domaine opulent dans les siens enclavé !
A sa sainte colère évitez un prétexte.
Point de scandale !...

RAYMOND.

Soit !... ainsi d'après ce texte...

RAYMOND et LES JEUNES SEIGNEURS.

Parcourons, etc.

(Raymond et ses compagnons sortent par le fond du théâtre. Le marquis qui est resté le dernier s'apprête à les suivre d'un air rêveur, lorsque Gillette sort de la forge, à gauche.)

SCÈNE IV.

GILLETTE, LE MARQUIS.

LE MARQUIS, à part.

Ah ! c'est aujourd'hui que Catherine se marie !... Diable !...

GILLETTE, regardant autour d'elle.

Ils ne sont plus là... (Courant au marquis et lui faisant une révérence.) Vous voilà donc enfin de retour, monseigneur !... j'ai cru que vous ne reviendriez jamais !

LE MARQUIS, avec embarras.

En vérité !

GILLETTE.

Et ça me faisait une peine !... et je comptais les semaines et les jours !... vous devez me trouver changée !

LE MARQUIS.

Je te trouve encore embellie !

GILLETTE.

N'est-ce pas ? c'est aussi ce qu'il me semblait !

LE MARQUIS, souriant.

J'adore ta naïveté !

GILLETTE.

Ma naïveté !...

LE MARQUIS, à part.

Pour ne pas dire mieux! (Haut.) C'est là ce qui, chez toi, n'a fait que croître et embellir... Le seul reproche que je t'adresserai, c'est de prendre tant d'inquiétudes et de soucis pour moi!

GILLETTE.

Oh! ce n'était pas pour vous seul!

LE MARQUIS, riant.

Ah! il y avait une autre personne encore qui t'intéressait?...

GILLETTE.

Oh! oui!

LE MARQUIS.

Eh! qui donc?

GILLETTE.

Moi, monseigneur! parce que vous savez bien qu'avant votre départ, et au moment où je pleurais, vous m'avez dit, en me donnant un petit soufflet d'amitié sur la joue : Est-elle bête, cette pauvre Gillette!

LE MARQUIS.

J'ai dit cela? (D'un air d'affection.) Eh! bien... ma chère enfant, ce que je pensais alors, je le pense toujours!

GILLETTE.

Ah! tant mieux!... car vous avez ajouté : Sois donc tranquille! dès mon retour, je t'épouserai!

LE MARQUIS, cherchant à se rappeler.

Tu es bien certaine que je t'ai parlé ainsi?

GILLETTE.

Je crois encore l'entendre!... à condition... avez-vous continué...

LE MARQUIS, riant.

A la bonne heure! j'étais bien sûr qu'il y avait une condition.

GILLETTE, continuant.

A condition, que tu n'en parleras à personne! personne au monde!... Aussi et quoiqu'il m'en ait fièrement coûté, je n'en ai ouvert la bouche à qui que ce soit, pas même à mon frère Andiol, l'armurier!

LE MARQUIS, vivement.

Tu as bien fait!

GILLETTE.

Pas même à mon cousin messire Mathéo, secrétaire du grand inquisiteur.

LE MARQUIS, avec inquiétude.

Ah!... tu as un cousin... qui tient à l'inquisition?

GILLETTE.

Il vient d'arriver au pays! et jugez donc... avoir tant de choses à dire et toujours se taire! c'est là ce qui me rendait malade! Mais puisque vous voilà... je vais enfin me dédommager et je cours l'apprendre à tout le monde.

LE MARQUIS, la retenant.

Garde-t'en bien!

GILLETTE, naïvement.

Pourquoi donc?...

LE MARQUIS.

Parce que... rien ne presse!

GILLETTE.

Eh si vraiment!... Il y a tant de pauvres gens à secourir dans le pays, et à qui je veux donner quand je serai marquise; pourquoi les faire attendre? C'est un peu d'argent à l'un, de l'ouvrage à l'autre, à celle-ci une dot... et à celle-là un mari!... Je sais ce qui manque à chacun... (Gaiement.) et mon frère Andiol qui a du chagrin, qui a pris son état en dégoût, et à qui il faudra une belle place au château. Quant à moi, je ne veux rien, je ne demande rien! je suis si heureuse!... Ah! si, vraiment... il me faudra pour la noce, je ne peux pas me marier sans cela, une robe de marquise... une robe blanche avec des lames d'argent... une robe à queue et deux petits pages pour la porter! voudrez-vous?

LE MARQUIS, avec impatience.

C'est bien! cela suffit! nous verrons cela quand le moment viendra!

GILLETTE.

Mais ce moment-là... (D'un air suppliant.) quand donc?

LE MARQUIS, avec impatience.

Quand donc?...

GILLETTE, avec insistance.

Eh oui! quand donc?...

DUO.

Vous m'avez dit : Crois en la foi promise ;
Je reviendrai pour être ton époux!
Oui, je le jure! oui, tu seras marquise.
Vous l'avez dit : vous en souvenez-vous?

LE MARQUIS, à part.

Qu'elle est bête! qu'elle est bête
Et facile à s'abuser!
C'est qu'elle a mis dans sa tête
Que je devais l'épouser!
J'en ferais une marquise,
Je lui donnerais mon nom!...
Ah! la folie est exquise!
Moi, perdre ainsi la raison!
Non, non, non, non!

(A haute voix, souriant.)

Ma chère enfant, un tel langage
Était un simple badinage.

GILLETTE, effrayée.

Comment... comment!...

LE MARQUIS.

Vous croyez toujours, au village,
Voir un mari dans chaque amant!

GILLETTE, interdite.
Comment... comment...

LE MARQUIS.
Il n'en est rien! un tel langage...

GILLETTE, hors d'elle-même.
Comment... comment...

LE MARQUIS.
Pur badinage!

GILLETTE.
Comment... comment...

Ensemble.

GILLETTE, pleurant.
Vous m'avez dit : Crois en la foi promise; etc.

LE MARQUIS, à part.
Qu'elle est bête! qu'elle est bête, etc.
(Sérieusement.)
Cessons ce vain débat, que la raison condamne!
Tu comprends bien que moi, gentilhomme et marquis,
Je ne puis t'épouser, toi, simple paysanne!

GILLETTE, essuyant ses yeux.
Mais pourtant, vous l'aviez promis!

LE MARQUIS, avec impatience.
Je t'ai dit que j'étais gentilhomme!

GILLETTE, avec indignation.
J'y suis!
Un gentilhomme peut, manquant à sa promesse,
Mentir, devant Dieu même, ainsi qu'un vrai païen!

LE MARQUIS, de même.
Mais non!... j'aurai pour toi toujours même tendresse!
(A part.)
Car elle est bête au point qu'elle ne comprend rien!

Ensemble.

GILLETTE.

Fille du village
Qui, naïve et sage,
Croyez au langage
D'un noble seigneur,
De cette folie
Vous serez punie,
Car l'ingrat oublie
Un serment trompeur.

LE MARQUIS.

Fille du village,
Si vous êtes sage,
Ni bruit, ni tapage!
Surtout point de pleurs!
Et sur votre vie
Sans cesse embellie
Une main chérie
Peut semer des fleurs!

(Brusquement, et s'approchant d'elle.)
Voyons, écoute-moi?

GILLETTE, fièrement.

Je ne veux rien entendre.
Quand on a fait une promesse, on doit
La tenir!

LE MARQUIS, avec impatience.

Eh bien, soit!
C'est justement pour ça que tu vas me comprendre!
Si j'ai fait les mêmes serments
A vingt autres qu'à toi, comment en même temps
Pourrais-je tous les tenir?

GILLETTE, poussant un cri.

Ah!
Le ciel qui me punit, monsieur, vous punira!

Ensemble.

GILLETTE.
Fille du village, etc.

LE MARQUIS.
Fille du village, etc.

(A la fin de ce duo, le marquis sort par le fond pour rejoindre ses compagnons, et Gillette, hors d'elle-même, tombe sur le banc, à droite.)

SCÈNE V.

GILLETTE, puis MATHÉO, sortant de la forge à gauche.

MATHÉO.

Le brave garçon que le cousin Andiol! Mais quelle idée lui prend! vouloir abandonner son état pour me suivre, et se faire dominicain... Si encore il me donnait une raison!... mais aucune... sinon qu'il est triste et malheureux!... (Se retournant, et voyant Gillette qui essuie ses yeux.) Eh bien!... et sa sœur aussi!... Gillette!... Gillette!...

GILLETTE, se levant vivement.
Dieu! Mathéo!

MATHÉO.

Je porte donc malheur à ma famille, car depuis mon arrivée tout le monde pleure...

GILLETTE.

C'est de joie, mon cousin... c'est de plaisir!...

MATHÉO.

Ta joie et tes plaisirs... je n'y ai pas droit! mais les chagrins... c'est autre chose... et si tu en avais... c'est à moi qu'il faudrait les confier... entends-tu, ma petite Gillette... entends-tu bien?

GILLETTE, se jetant dans ses bras.
Ah! mon cousin!

MATHÉO, souriant.

Eh bien... eh bien?... de quoi s'agit-il?... de quelque amour, de quelque mariage!... Andiol m'a dit que plusieurs épouseurs se présentaient...

GILLETTE.

Je les ai tous refusés... je ne peux pas me marier!

MATHÉO.

Pourquoi?

GILLETTE.

Parce qu'il y a une promesse de mariage... entre moi et quelqu'un...

MATHÉO.

Qui est absent... peut-être?

GILLETTE.

Non... il est ici!

MATHÉO.

Eh bien... alors?...

GILLETTE.

Eh bien!... vous ne le croirez pas... car moi qui l'ai entendu... je ne le crois pas encore... cette promesse... il refuse de la tenir!

MATHÉO, avec colère.

Par saint Dominique!... et celui-là, quel est-il?

GILLETTE.

Monsieur le marquis... le seigneur de ce village.

MATHÉO.

Ce n'est pas possible!... à toi, mon enfant... une promesse...

GILLETTE.

Oui... avant son départ... mais à son retour il l'a oubliée...

MATHÉO.

La mémoire lui reviendra!... je te le jure... par l'inquisition!... Où est cette promesse? Donne-la moi.

GILLETTE, baissant les yeux.

Je n'en ai pas!

MATHÉO.

Pas de promesse écrite!

GILLETTE, de même.

Non!

MATHÉO.

Tu as alors des preuves, des témoins?

GILLETTE, de même.

Aucun!

MATHÉO, sévèrement.

Quoi! vous n'étiez que vous deux?...

GILLETTE, s'inclinant, confuse.

Grâce! grâce! ne me perdez pas!... que surtout mon frère n'en sache rien! j'en mourrais de douleur... et lui aussi!

MATHÉO, après un instant de silence.

Relève-toi; ce n'est pas à moi à te jeter la pierre, moi qui suis de ta famille et qui dois défendre ton honneur... mais lui... l'indigne!... ah! si tu avais pu lui faire signer cette promesse...

GILLETTE.

Il aurait fallu qu'elle fût faite, et je n'aurais su comment m'y prendre pour qu'elle fût valable...

MATHÉO.

Je te l'aurais rédigée, moi!...

GILLETTE, vivement.

Eh bien!... et quoi qu'il ne soit plus temps, écrivez-la-moi toujours... Qui sait?... il m'a dit que j'étais bête... il l'a dit... je l'ai bien entendu... C'était vrai, alors... car je l'aimais... mais maintenant!... il me semble que j'aurais plus de sang-froid, plus de tête et plus d'esprit...

MATHÉO.

Bien! bien!... silence... on vient!

GILLETTE, regardant par le fond.

C'est Catherine Bazu, qui est fiancée d'hier, et qui épouse aujourd'hui Jérôme Pistoïa. Elle se marie, celle-là!... elle est bien heureuse!

MATHÉO.

Elle n'en a pas l'air! regarde donc comme elle est triste!

GILLETTE.

C'est vrai!... (Allant au devant d'elle.) Cette bonne Catherine!...

SCÈNE VI.

MATHÉO, GILLETTE, CATHERINE, habillée et coiffée en mariée. Catherine s'est avancée lentement sur la ritournelle, pendant que Mathéo et Gillette causaient à voix basse en la regardant. Elle lève les yeux, les aperçoit et court se placer entre eux deux.

CATHERINE, à Gillette.

Toi, ma compagne la plus chère,

(A Mathéo.)

Et vous que je revois, vous, l'ami de mon père,
Dont j'apprends le retour! je vais me marier!
C'est pour ça que je viens tous les deux vous prier...

ROMANCE.

Premier couplet.

(S'adressant à Gillette.)

Il faut, pour la cérémonie,

Une demoiselle d'honneur,
Et de toi, ma meilleure amie,
J'attends une telle faveur!
Oui, lorsqu'à l'autel je m'engage,
Viens, en me servant de témoin,
Porter bonheur à mon ménage,
Hélas! il en a grand besoin.

Deuxième couplet.

(A Mathéo, lui montrant sa coiffure et sa robe.)
Déjà ma couronne est placée
Ainsi que mon beau bouquet blanc,
Car d'hier je suis fiancée!...
Mais aujourd'hui, dans un instant,
Il faut bénir mon mariage,
Daignez, vous chargeant de ce soin,
Porter bonheur à mon ménage;
Hélas! il en a bien besoin.

MATHÉO, vivement.

Oui, mon enfant, oui, ma chère Catherine, j'assisterai à ton mariage... mais je voudrais assister à ton bonheur, et, à la manière dont tu me parles de ce mariage... il me semble qu'il ne te convient guère...

CATHERINE.

Pas tout à fait!... mais que voulez-vous? il n'y a rien à dire à l'encontre... c'est convenable... c'est raisonnable... Mon grand-père le veut absolument... et puis, comme il l'a dit, il faut bien en finir!

MATHÉO, étonné.

En finir!...

CATHERINE.

Dame! oui! voilà, depuis un an, deux mariages qui manquent, et mon grand-père dit que ça fait du tort à une jeune fille... que ça fait courir des mauvais bruits sur son compte... Je ne dis pas non... mais ce n'est pas ma faute...

GILLETTE.

Non, sans doute !

MATHÉO.

Et comment a-t-il pu se trouver deux prétendus de suite qui aient refusé ta main ?

CATHERINE.

Je n'en sais rien !... ils n'ont jamais voulu le dire... faut croire qu'il y a... en moi quelque chose qui déplaît ou quelque chose qui me manque... je ne sais pas quoi !... et comme personne... (Regardant du côté de la maison d'Andiol.) personne autre que Jérôme Pistoïa ne m'a demandée, mon grand-père s'est décidé à choisir le seul qui se présentât... voilà comment le mariage s'est fait... Et maintenant que le contrat est signé, que nous sommes fiancés d'hier, et que la noce est commandée pour aujourd'hui... vous comprenez bien qu'il n'y a plus à s'en dédire !

GILLETTE, avec un soupir.

C'est juste...

CATHERINE.

Parce qu'un troisième mariage manqué... ferait un tel éclat dans le pays...

GILLETTE, de même.

Que ça serait à y renoncer, et à rester toujours fille !

MATHÉO.

C'est vrai... mes enfants... c'est vrai... Comptez sur moi... A quelle heure la cérémonie ?

CATHERINE.

C'est pour midi !

MATHÉO.

Soit... à midi... je prierai monseigneur le cardinal légat de vous marier...

SCÈNE VII.

Les mêmes ; ANDIOL, qui est sorti de la forge à gauche, et qui a entendu ces derniers mots.

ANDIOL, pâle et entrant vivement.

La marier !... que dites-vous, cousin ?...

GILLETTE.

C'est Catherine qui le lui a demandé, et c'est moi qui suis sa demoiselle d'honneur !

ANDIOL, avec une colère concentrée.

Elle aussi !

CATHERINE, baissant les yeux, et s'adressant à Andiol, avec émotion.

Pardon, monsieur Andiol, de ne vous avoir pas demandé d'être un de mes témoins... mon grand-père le voulait... moi... je n'ai pas voulu...

GILLETTE.

Pourquoi ?

CATHERINE, avec embarras.

Je ne sais... il me semblait... que ça devait contrarier ou gêner M. Andiol.

GILLETTE.

Le fait est que tout l'ennuie, et qu'il n'a de cœur à rien !

CATHERINE.

C'est pour ça !...

ANDIOL, avec émotion.

Merci... mademoiselle... merci !

GILLETTE, à son frère.

Comme tu es pâle !

ANDIOL.

C'est que je viens de travailler à la forge!... (A Catherine, qui tient Gillette par la main.) Que je ne vous retienne pas!

GILLETTE.

C'est vrai! car à peine je serai prête... (A Catherine.) Viens donc... viens!...

CATHERINE, que Gillette entraîne vers la gauche.

Adieu, monsieur Andiol!

ANDIOL, suivant des yeux Catherine qui s'éloigne et disparaît.

Adieu... mademoiselle... adieu!

SCÈNE VIII.

MATHÉO, ANDIOL.

MATHÉO, voyant Andiol qui chancelle et qui est prêt à se trouver mal, et courant à lui.

Eh bien!... qu'est-ce qui t'arrive?... tu chancelles... tu te trouves mal?...

ANDIOL.

Laisse-moi!

MATHÉO, lui faisant respirer des sels.

Non, par saint Dominique!...

ANDIOL.

Ah! j'espérais mourir... et tu m'en empêches...

MATHÉO.

Mourir, et pourquoi?

ANDIOL.

Pour ne pas voir ce mariage!

MATHÉO.

Qu'entends-je!... tu aimerais Catherine?

ANDIOL.

Comme un insensé... depuis que je me connais... depuis que j'existe...

ROMANCE.

Premier couplet.

C'est auprès d'elle, aux beaux jours de l'enfance,
Que j'ai senti battre mon cœur;
Son doux regard en mon humble existence
A mis le trouble et le bonheur.
Du charme qui m'attire
Subissant le pouvoir,
Je l'aimais sans le dire,
Presque sans le savoir.
Oui, je dois fuir
Sa présence chérie;
Elle m'est ravie,
Il me faut mourir!

Deuxième couplet.

Pour l'obtenir il faudrait la richesse,
Et je n'ai rien que mon amour!
Pauvre artisan, j'ai caché ma tendresse;
Il faut la perdre et sans retour!
On donne à l'opulence
Et sa main et son cœur.
Adieu, douce espérance!
Adieu, rêve trompeur!
Oui, je dois fuir
Sa présence chérie;
Elle m'est ravie,
Il me faut mourir!

MATHÉO.

Mais, mon pauvre ami, puisque tu l'aimais, pourquoi ne parlais-tu pas?

ANDIOL.

Est-ce que je le pouvais!... elle est riche, te dis-je, et je n'ai rien!... Ils auraient tous pensé dans le village, à commencer par son grand-père, et peut-être par elle, que j'étais amoureux de sa fortune, comme celui qui va l'épouser... comme ce Jérôme Pistoïa, dont le nom seul me met hors de moi... Le voilà qui sort de chez lui !

MATHÉO.

Modère-toi !

ANDIOL.

C'est bien aisé... à dire... mais j'ai besoin de ne pas le regarder... de peur de céder à une idée... la seule qui me flatte et me sourie en ce moment...

MATHÉO.

Laquelle ?

ANDIOL.

Celle de l'étrangler !

MATHÉO.

Y penses-tu ?

ANDIOL.

Ça me ferait plaisir... Il doit avoir un air si fier... un bonheur si insolent... et si joyeux...

MATHÉO, regardant Pistoïa qui s'avance lentement et les yeux baissés.

Il me semble, au contraire, qu'il est soucieux et sombre... Sous ce rapport-là, du reste, les deux mariés sont déjà d'accord et s'entendent à merveille.

ANDIOL, de même.

Tu crois ?

MATHÉO.

Vois plutôt !

ANDIOL.

C'est vrai !...

SCÈNE IX.

Les mêmes; PISTOIA, qui est arrivé près d'eux, toujours rêvant et sans les apercevoir.

PISTOÏA, avec l'accent provençal.

Ah! c'est donc vrai, messire Mathéo... ce qu'on m'a dit... que vous étiez de retour... à Avignon... en belle position... sang-Dieu!... et près d'un envoyé du Saint-Père?

MATHÉO.

Parfaitement vrai!

PISTOÏA.

Eh bien!... j'en suis bien aise... quoi!... ça se trouve à merveille... (Apercevant Andiol, et d'un air distrait.) Bonjour, Andiol!... bonjour, mon garçon!

ANDIOL, à part.

Il a bien fait de ne pas me tendre la main; je l'aurais assommé!

PISTOÏA, à Mathéo.

Je voulais justement vous parler...

MATHÉO.

Sur votre mariage?...

PISTOÏA, d'un air mystérieux.

Oui...

MATHÉO.

Qui doit se célébrer aujourd'hui, à midi...

PISTOÏA, de même.

Oui!

MATHÉO.

Et dont je ne suis pas le premier, sans doute, à vous faire compliment.

PISTOÏA, d'un air de mauvaise humeur.

Des compliments... des compliments... il n'est pas encore fait !

ANDIOL et MATHÉO, avec un mouvement de joie.

Que dites-vous ?

PISTOÏA.

Je dis, messire... que je voudrais bien causer, à ce sujet, un instant, seul... avec vous !... (Regardant Andiol.) Seul...

ANDIOL.

Je m'en vais... monsieur Pistoïa... je m'en vais... (A part.) Ah ! je crois, dans ce moment, que je lui donnerais la main... (A Mathéo.) Je pars... je pars... cousin... (A part.) Mais je reviendrai !

(Il sort par la gauche.)

SCÈNE X.

MATHÉO, PISTOIA.

PISTOÏA.

Je ne vous dissimulerai pas, messire Mathéo, pour vous parler avec franchise, que moi... Jérôme Pistoïa... je suis le plus riche... et le plus beau cavalier de la contrée... de sorte que, me mariant avec Catherine Bazu, la plus belle fille et la plus belle dot de l'endroit...

MATHÉO.

Ça devait faire un beau couple !

PISTOÏA.

Je ne dis pas non ! mais plus l'affaire est avantageuse, plus d'obstacles se présentent.

MATHÉO.

Allons donc!... des obstacles!... pour M. Pistoïa... un des notables d'Avignon!

PISTOÏA.

Aussi ce n'est pas de ce pays qu'ils viennent... mais d'un autre... plus terrible!

MATHÉO, vivement.

Et lequel?

PISTOÏA, avec effroi.

Silence! Vous comprenez que moi, Jérôme Pistoïa, syndic des marchands, je m'entends un peu en affaires. Or, avant de demander la main de la petite Catherine Bazu, j'ai voulu savoir pourquoi, avec tant d'avantages, elle avait été refusée successivement par deux prétendants... et cela presque au moment de la noce...

MATHÉO.

J'aurais fait comme vous...

PISTOÏA.

N'est-ce pas, messire?... Des deux prétendus, l'un était mort dans l'année... et l'autre, Nicolas Gringoire, refusait obstinément de rien dire... deux choses qui me donnaient des soupçons! Je ne pouvais faire parler le premier... vu qu'il était défunt; mais avec un peu d'adresse et une grosse somme dont il avait besoin... j'amenai l'autre à m'avouer la chose... et voici ce qu'il me raconta : Antoine Bazu, le père de Catherine, était un brave soldat...

MATHÉO.

Un ami de mon père...

PISTOÏA.

Qui se battit dans ce pays comme un enragé contre les hérétiques; mais un jour, dans une rencontre, il y a de ça quinze ans, blessé et prisonnier, il fut jeté dans la tour du château d'où il ne devait sortir que pour être brûlé vif...

Alors, Satan, le tentateur, lui apparut comme à saint Antoine, son patron, et lui dit : — « Je te sauverai, à une condition : c'est que quand ta fille, qui a maintenant trois ans, sera en âge d'être mariée... elle n'appartiendra à personne qu'à moi, Satan!... » Et le père Bazu accepta la proposition. La preuve, c'est qu'il sortit sain et sauf de sa prison, et par ainsi sa fille se trouva, sans le savoir, la fiancée du diable...

MATHÉO, cherchant dans ses souvenirs.

J'ai bien en effet quelque idée d'avoir dans ma jeunesse entendu cette fable-là circuler dans le pays, comme tant d'autres...

PISTOÏA.

Et moi aussi... mais comme le père Bazu gratifia d'un coup de sabre le premier qui lui en fit la plaisanterie, personne n'en parla plus! c'est seulement quand il a été défunt et qu'on a voulu marier sa fille... qu'alors...

MATHÉO.

Eh bien?...

PISTOÏA, à demi-voix.

Eh bien! Nicolas Gringoire m'a affirmé que le matin même de son mariage, un démon lui était apparu, le menaçant de lui tordre le cou, s'il osait épouser la fiancée de Belzébuth! ce qui fit que Nicolas Gringoire, qui n'était pas un poltron, renonça, sans en rien dire à personne, au mariage et à son bonheur!

MATHÉO.

Quelle absurdité!

PISTOÏA.

C'est ce que j'ai dit... c'est absurde!... aussi ça ne m'a pas empêché de conclure l'affaire, vu qu'elle était bonne, et j'ai bravement demandé la main de Catherine Bazu à son grand-père, qui me l'a accordée... et il n'est rien arrivé... et hier nous avons été fiancés, et il n'est rien arrivé.

MATHÉO.

Eh bien alors ?...

PISTOÏA.

Alors !... voilà ce qui commence à m'inquiéter... c'est que ce matin... en rentrant dans ma maison qui est bâtie sur les ruines du vieux château, au moment où je passais par un corridor obscur, je me suis senti, sans que personne m'ait touché, renversé le nez contre terre... une odeur de soufre s'est répandue, et pendant qu'une grêle de coups de bâton invisibles tombait sans relâche sur mes épaules, une voix infernale murmurait à mon oreille : « Si tu épouses ma fiancée, malheur à toi!... » Voilà ce qui vient de m'arriver... Qu'en pensez-vous, messire, je viens vous consulter ?

MATHÉO, à part.

O mon pauvre Andiol !... j'ai idée qu'il y a encore de l'espoir... (Haut.) Et vous ne vous êtes point abusé ?... ce n'est point une illusion ?...

PISTOÏA.

C'est possible ! mais en me relevant il m'a semblé que j'étais fourbu... et l'illusion, elle me dure encore !

MATHÉO.

Alors, à votre place... je ne persisterais pas... je renoncerais au mariage !...

PISTOÏA.

J'y ai déjà pensé... mais il y a une autre considération dont je ne vous ai pas parlé... le grand-père de Catherine... un autre vieux miquelet intraitable et féroce, m'a dit : « Faites bien vos réflexions avant de me demander ma fille... voilà deux mariages qu'elle manque... et si vous lui en faites manquer un troisième... tout vieux que je suis, je vous préviens, par la mordieu ! que je vous plante ma dague dans le cœur !... » Voilà la difficulté !...

MATHÉO.

Il est de fait que c'en est une !... Alors, épousez...

PISTOÏA.

Mais les flammes de l'enfer...

MATHÉO.

Alors, n'épousez pas!

PISTOÏA.

Mais c'est que Catherine est riche, deux fois plus riche qu'on ne croit; outre la ferme qui est excellente, elle a deux mille nobles à la rose, et de plus, belle à ravir!...

MATHÉO.

Épousez-la!

PISTOÏA.

Mais c'est justement pour cela que Belzébuth tiendra à sa fiancée.

MATHÉO.

Ne l'épousez pas!

PISTOÏA.

Mais, par la mordi! messire, je vous consulte pour avoir de vous une bonne idée... et vous ne me donnez que les miennes.

MATHÉO.

Que voulez-vous de mieux?

PISTOÏA.

Je voudrais... je voudrais, en payant, s'entend, car je paierai tout ce qu'il faudra... je voudrais savoir si vous ne pourriez pas obtenir de l'inquisition quelque rosaire, quelque amulette bénite qui puisse me préserver de tout maléfice...

MATHÉO.

Non! mais, dans le doute où vous êtes, je puis vous donner un bon avis qui vous décidera peut-être... (A demi-voix.) C'est qu'il y en a un autre qui aime Catherine.

PISTOÏA, vivement.

Un autre !... et lequel ?...

MATHÉO.

Inutile de vous le dire...

PISTOÏA, avec jalousie.

Un autre qui l'aime !...

MATHÉO.

Et qui, je crois... en est aimé...

PISTOÏA, de même, et se contenant à peine.

Un autre... qui épouserait Catherine, qui aurait la ferme et qui toucherait les deux mille nobles à la rose... Voyez-vous, messire !... je suis un brave et honnête garçon de ma nature; mais dès que je vois quelqu'un plus heureux, ou plus riche que moi... ça me fait sur-le-champ un singulier effet... ça me pâlit... ça me jaunit... ça me donne la fièvre... c'est comme une maladie...

MATHÉO.

Qu'on appelle l'envie...

PISTOÏA.

Eh bien ! oui... l'envie de ne céder à personne... et plutôt que de voir un autre l'emporter sur moi... je ne sais pas ce que je risquerais... aussi bien !... tenez... tenez !... il n'y a plus à s'en dédire... voici les cloches de l'église qui sonnent mon mariage !

SCÈNE XI.

ANDIOL, MATHÉO, PISTOIA, FILLES et GARÇONS du village, CATHERINE et GILLETTE.

FINALE.

LE CHOEUR.

Cloche fidèle
Qui nous appelle,
Pieux concert
Qui frappe l'air,
Ta voix sonore
Célèbre encore
Et des amours
Et des beaux jours!

MATHÉO, à part.

Cloche cruelle
Qui nous appelle,
Pieux concert
Qui frappe l'air,
Ta voix fatale
Pour lui signale
Les derniers jours
De ses amours!

CATHERINE et ANDIOL, chacun à part.

Cloche cruelle
Qui nous appelle,
Pieux concert
Qui frappe l'air,
Ta voix fatale
Pour moi signale
Les derniers jours
De mes amours!

ANDIOL, s'approchant de Mathéo.

Eh bien?

MATHÉO.
Un vain espoir est venu t'abuser!
Plus que jamais, il tient à l'épouser!

ANDIOL.
O ciel!

MATHÉO.
Et pour ce mariage
Voici les filles, les garçons
Et les notables du village!

ANDIOL.
Tout est fini pour moi... fuyons!

GILLETTE, qui a passé près de lui.
Où vas-tu donc?...

(Elle le retient par la main et lui parle bas.)

PLUSIEURS NOTABLES, s'approchant de Pistoïa.
Un marié galant et brave
N'a-t-il pas, en de tels moments,
Quelques bouteilles dans sa cave,
Pour les amis et les parents?

PISTOÏA.
Pour vous je les tiens en réserve!

LES NOTABLES.
Eh bien! compère, qu'on les serve!
Le bon vin rend de belle humeur,
Le bon vin nous donne du cœur!

PISTOÏA, à part.
Ça fera bien!... car j'ai grand'peur.
Oui, plus approche mon bonheur,
Plus je sens croître ma frayeur!
Allons vite!... et surtout cachons-leur ma frayeur!

(Il entre dans la maison à droite.)

Ensemble.

LE CHŒUR.
Cloche fidèle, etc.

MATHÉO.

Cloche cruelle, etc.

ANDIOL et CATHERINE.

Cloche cruelle, etc.

SCÈNE XII.

LES MÊMES; PISTOÏA, sortant de sa maison à droite, pâle, se soutenant à peine et tenant à la main une bouteille de vin, qu'il laisse tomber.

LE CHOEUR.

Dieu! qu'a-t-il donc?... quelle pâleur!

PISTOÏA.

Soutenez-moi!

LE CHOEUR.

Quelle frayeur!

CATHERINE, courant à lui.

Monsieur!... monsieur!...

PISTOÏA, avec effroi et s'éloignant d'elle.

N'approchez pas!

CATHERINE.

Que dites-vous?

PISTOÏA, tremblant.

Je dis... tout bas....
Mademoiselle, que vous êtes
Des plus sages, des plus honnêtes...
Que rien n'égale... vos attraits;
Mais pour vous épouser... jamais!
(Avec force.)
Moi!... votre époux!... jamais! jamais!

TOUS.

Ah!...

Ensemble.

LE CHŒUR, menaçant Pistoïa.

Quel affront!... et quel langage!
Au moment du mariage
Se permettre un tel outrage!
Répondez, répondez-nous!
Ou sinon, pareille offense
Recevra sa récompense!
Oui, craignez notre vengeance,
Redoutez notre courroux!

PISTOÏA.

Non, ce n'est point un outrage!
Mais je suis un homme sage,
Et d'entrer en mariage
Je me sens très-peu jaloux!
Ah! je garde le silence;
Mais je tiens à l'existence!
Ainsi donc, plus d'alliance,
Plus de noce, plus d'époux!

CATHERINE.

Quel affront!... et quel langage!
D'où vient donc l'indigne outrage
Qu'au moment du mariage
Je reçois, aux yeux de tous?
Fuyez loin de ma présence,
C'est là ma seule vengeance!
Ah! pour moi plus d'alliance,
Plus de noce et plus d'époux!

ANDIOL.

Dieu! qu'entends-je? quel langage!
O bonheur!... ô doux présage!
Il renonce au mariage
Et craint d'être son époux!
Abattu par la souffrance,
Mon cœur s'ouvre à l'espérance,
Je renais à l'existence,
Et je rêve un sort plus doux!

GILLETTE.

Quel affront et quel langage !
Rompre encor ce mariage,
Se permettre un tel outrage !
Et pourquoi? répondez-nous !
D'où vient cette indigne offense ?
C'est à faire, par vengeance,
Et pour toute l'existence,
Détester tous les époux !

MATHÉO.

Dieu ! qu'entends-je? quel langage !
O bonheur ! ô doux présage !
(Montrant Pistoïa.)
De lui-même il se dégage
Et renonce au nom d'époux !
(Montrant Andiol.)
O céleste Providence,
A son cœur rends l'espérance,
Et qu'après tant de souffrance,
Pour lui brille un sort plus doux !

PISTOÏA, à Mathéo, qu'il tire à part sur le devant de la scène.

A l'instant même... et dans la cave obscure,
(Montrant les notables qui se tiennent derrière, à l'écart.)
Où, pour eux, j'étais descendu,
J'ai vu Satan... en personne!... j'ai vu
Ses cornes... sa noire figure...
Et ces mots sont sortis de sa bouche d'airain :
« Arrête!... il en est temps !... Si ta flamme insensée
« De Belzébuth ravit la fiancée,
« Demain, pour châtier ton audace... demain
« Je viendrai t'étrangler, moi-même, de ma main ! »
(A voix haute, se retournant avec effroi vers Catherine.)
Moi, son mari!... je le voudrais...
Je ne le pourrais pas!... moi, son mari... jamais !
Jamais ! jamais !

Ensemble.

LE CHOEUR.

Quel affront et quel langage! etc.

GILLETTE.

Quel affront et quel langage! etc.

PISTOÏA.

Non, ce n'est point un outrage! etc.

CATHERINE.

Quel affront et quel langage! etc.

MATHÉO.

Dieu! qu'entends-je? quel langage! etc.

ANDIOL.

Dieu! qu'entends-je? quel langage!
O bonheur! ô doux présage!
De lui-même il se dégage
Et renonce au nom d'époux!
O céleste Providence,
A mon cœur rends l'espérance,
Et qu'après tant de souffrance,
Pour moi brille un sort plus doux!

(Ils sortent tous dans le plus grand désordre. Gillette emmène Catherine, Mathéo entraîne Andiol, et Pistoïa sort poursuivi par les gens du village qui le menacent.)

ACTE DEUXIÈME

L'intérieur de la ferme de Catherine Bazu. — Porte au fond et porte à gauche; une croisée au fond, donnant sur la campagne; à gauche, une table et une chaise.

SCÈNE PREMIÈRE.

CATHERINE, seule, assise et travaillant auprès de la table; elle quitte son ouvrage et se lève pour chanter.

AIR.

Ah! qu'on a de peine
A trouver un mari!...
Non pas que j'y tienne
Ou que j'en veuille, Dieu merci!
Mais... mais... qu'on a de peine
A trouver, hélas! un mari!

Voilà le troisième
Qui refuse!... Passe, je crois,
Si je les avais moi-même
Refusés tous les trois!

Ah! qu'on a de peine, etc.

Mais aussi, père et mère
Veulent toujours choisir!

Si l'on nous laissait faire,
Ça pourrait réussir!

Moi, sans m'y connaître,
J'en ai rencontré
Un seul que peut-être
J'aurais préféré!
Mais son nom, personne
Ne s'en doutera!
Oui, l'honneur l'ordonne,
(Montrant son cœur.)
Il restera là,
Toujours là!
Et jamais personne
Ne le connaîtra!

Par malheur, je vois bien, hélas!
Qu'à m'aimer il ne pense pas!
Il fuit mes regards et mes pas!...
Eh bien, monsieur, ne m'aimez pas!
Ça fait bien du mal,
Mais c'est égal...

Moi, sans m'y connaître, etc.

SCÈNE II.

CATHERINE, LE MARQUIS, entrant par la porte du fond.

CATHERINE, se retournant.

Monsieur le marquis!...

LE MARQUIS.

Moi-même, ma chère enfant... J'apprends à l'instant même ce qui t'arrive... et tu m'en vois tout indigné...

CATHERINE.

Il n'y a pas de quoi... monseigneur... moi, je n'en ai ni regret, ni chagrin! (A part.) Au contraire!

LE MARQUIS.

En vérité !

CATHERINE.

C'est mon grand-père... seulement qui m'inquiète ! la fureur qu'il a éprouvée lui a donné un accès de goutte qui l'empêche de se lever... sans cela il aurait été tuer M. Pistoïa... Heureusement messire Mathéo vient d'arriver près de lui et parviendra peut-être à le calmer...

LE MARQUIS.

Plus je te regarde... et moins je conçois l'absurdité de ce Pistoïa... Une si jolie taille, une si jolie main... un air si distingué... car tu es charmante !

CATHERINE.

Monseigneur est bien bon !

LE MARQUIS.

Que veux-tu ?... ces bourgeois, ces marchands ne s'y connaissent point, et ce rustre ne te méritait pas !... Autrefois, et pour tes beaux yeux, je l'aurais fait mourir sous le bâton... mais, depuis que mon père a juré foi et hommage au Saint-Siège, il a fallu renoncer au droit seigneurial d'assommer ces manants-là... (La regardant.) et à bien d'autres droits plus précieux encore... que je ne pourrais faire revivre sans me brouiller avec l'inquisition, ce qu'elle désire peut-être et ce que, pour cela même, je dois éviter... Voilà pourquoi, mon enfant... je n'interviens pas !

CATHERINE.

Et vous avez raison... monseigneur...

LE MARQUIS.

Mais cela ne m'empêche pas, tu le sais, de protéger les jeunes filles... moi, d'abord, je leur veux du bien à toutes... surtout quand elles sont jolies et douces comme toi... Aussi, pour te faire oublier ce mal-appris de Pistoïa, j'ai mieux que lui à te proposer...

CATHERINE.

Un autre parti!...

LE MARQUIS.

A peu près! quelqu'un qui t'adore... qui ne te céderait à personne et qui, pour cela même, était désolé de ce mariage.

CATHERINE.

Je vous remercie, monseigneur; mais, moi et mon grand-père nous ne voulons plus entendre parler d'amoureux.

LE MARQUIS, pressant.

Si tu connaissais celui-là!...

CATHERINE.

Je ne veux même pas le connaître... c'est assez de prétendants comme ça!

LE MARQUIS.

Si tu savais que celui-là t'aime depuis longtemps... et sans oser te le dire...

CATHERINE.

Est-il possible! (Avec curiosité.) Quelqu'un de ce village?...

LE MARQUIS.

Justement!

CATHERINE, de même.

Un voisin?...

LE MARQUIS, se rapprochant d'elle.

Le plus voisin... le plus proche de toi...

CATHERINE.

Ah! mon Dieu!... Eh! qui donc, monseigneur, qui donc?

LE MARQUIS,

Eh bien!... c'est... Oh! qui vient là? Gillette!

CATHERINE.

Achevez donc, monsieur le marquis.

3.

SCÈNE III.

Les mêmes ; GILLETTE, entrant par la porte, à gauche.

LE MARQUIS.
Adieu, adieu, ma chère enfant... Je reviendrai plus tard... tantôt.

GILLETTE, bas, au marquis.
J'aurais à vous parler, monseigneur.

LE MARQUIS.
Désolé, ma chère, ça m'est impossible !

GILLETTE.
De la part de messire Mathéo...

LE MARQUIS, avec impatience.
Je verrai... je tâcherai... (Sèchement.) Mais tu auras soin, si tu m'en crois, de faire tes affaires toi-même et de ne les confier à personne.. entends-tu ? (A Gillette qui veut parler.) Silence et adieu !

(Il sort par le fond.)

SCÈNE IV.

CATHERINE, qui est allée s'asseoir à gauche ; GILLETTE, regardant sortir le marquis.

GILLETTE, à part.
Quel ton ! et quel air ! à peine s'il me regarde ! j'ai bien fait de ne pas lui montrer la promesse, en bonne forme... (Indiquant sa poche.) que le cousin vient de me remettre... ce n'était pas le moment ! (Courant à Catherine, qui est restée pensive près de la table.) Ah ! mon Dieu !... le marquis était là, seul avec toi !... Est-ce qu'il te parlait d'amour, par hasard ?

CATHERINE.

Lui! quelle idée!

GILLETTE, vivement.

Il en est bien capable... à ce que l'on m'a dit, du moins!

CATHERINE, haussant les épaules.

Il n'y pensait guère!... il s'en faut... Il me parlait, au contraire, de quelqu'un auquel il s'intéressait... d'un nouvel épouseur!...

GILLETTE.

Déjà! (A part.) Il n'y a pas de temps à perdre... courons chez mon frère... (Regardant vers la porte du fond, et apercevant Andiol qui l'ouvre timidement, pendant que Catherine qui est sur le devant, à gauche, ne peut l'apercevoir.) Eh!... viens donc... viens donc vite... il s'agit de se montrer... et de parler.

ANDIOL, à voix basse.

Tu crois?...

GILLETTE, de même.

Dame!... tu dois en avoir besoin... depuis le temps que tu te tais... Dire que, sans le cousin Mathéo... je n'en saurais rien... moi, ta sœur!...

ANDIOL, de même.

Je n'oserai jamais!

GILLETTE, de même.

Je suis là...

ANDIOL, de même.

C'est surtout pour entrer en matière...

GILLETTE, de même.

Attends... je m'en charge! (Andiol reste debout, au fond du théâtre, et Gillette s'approche de Catherine, toujours assise près de la table, à gauche, et plongée dans ses réflexions.) Tu me dis donc que l'on te proposait déjà un nouveau prétendant?...

ANDIOL, à part, avec terreur.

O ciel !

CATHERINE.

Rassure-toi !... j'ai répondu sur-le-champ que je ne voulais plus entendre parler ni de mariage, ni de mari... et que j'y renonçais à tout jamais !

(Andiol, en entendant ces mots, se retire à pas de loup vers la porte qu'il ouvre, et va disparaître, quand Gillette, qui retourne la tête, l'aperçoit.)

GILLETTE, courant vivement après lui.

Eh bien !... eh bien !... qu'est-ce que je vois là ?

CATHERINE.

Qu'est-ce donc ?...

GILLETTE.

Mon frère Andiol... qui entre hardiment et sans frapper...

ANDIOL.

Moi, par exemple !...

CATHERINE, se levant.

Il a raison... n'est-il pas chez des amis... et comme qui dirait chez lui ?...

ANDIOL.

Ah ! mademoiselle... vous êtes bien bonne !...

GILLETTE, bas, à Andiol.

Eh bien ! va donc... commence donc !...

ANDIOL, de même, interdit.

Tout de suite ?

GILLETTE.

Le plus tôt vaut le mieux...

CATHERINE.

Est-ce que vous aviez quelque chose à me dire... à moi ou à mon père ?...

ANDIOL.

Oh! certainement... à votre père, d'abord... ou à vous... ou finalement et, pour mieux dire, à tous deux...

GILLETTE, à part.

Il ne s'en tirera jamais...

CATHERINE, avec bonté.

Dites, monsieur Andiol... je vous écoute...

GILLETTE, à voix basse.

Et moi, je vais te souffler!

ANDIOL, à part.

A la bonne heure!

TRIO.

GILLETTE, bas, à son frère.

Enhardi par votre air aimable...

ANDIOL, répétant.

Enhardi par votre air aimable...

CATHERINE, étonnée.

Enhardi par mon air aimable...

GILLETTE, soufflant toujours.

Je viens, mam'selle, vous parler...

ANDIOL.

Je viens, mam'selle, vous parler...

CATHERINE.

Pour qui venez-vous me parler?...

GILLETTE.

Vous parler pour un pauvre diable...

ANDIOL.

Vous parler pour un pauvre diable...

CATHERINE.

Me parler pour un pauvre diable!...

GILLETTE.
Que votre aspect seul fait trembler.

ANDIOL.
Que votre aspect seul fait trembler.

CATHERINE.
Que mon aspect seul fait trembler !

GILLETTE.
Il vous aime sans vous le dire...

ANDIOL.
Il vous aime sans vous le dire...

CATHERINE.
Il a raison de n'en rien dire !

GILLETTE.
Et, dût-il vous mettre en courroux...

ANDIOL.
Et, dût-il vous mettre en courroux...

CATHERINE.
Et, dût-il me mettre en courroux ?

GILLETTE.
Je vous avoûrai qu'il aspire...

ANDIOL.
Je vous avoûrai qu'il aspire...

CATHERINE, avec impatience.
Eh bien !... achevez !... il aspire...

GILLETTE.
Au bonheur d'être votre époux !

ANDIOL, timidement.
Au bonheur d'être votre époux !

CATHERINE, vivement.
Non, je l'ai dit : jamais d'époux !

Ensemble.

CATHERINE, avec humeur.

Épargnez-moi, de grâce,
Poursuite aussi tenace
Qui m'irrite et me lasse!
J'ai juré pour toujours,
Indifférente et sage,
Et redoutant l'orage,
De fuir le mariage
Et de fuir les amours!

ANDIOL, bas, à sa sœur.

O nouvelle disgrâce!
D'un amour si tenace
Tu vois qu'elle se lasse!
Cessons de tels discours.
Je n'ai plus de courage!
Son cœur fier et sauvage
Veut fuir le mariage
Et renonce aux amours.

GILLETTE, bas, à Andiol.

Allons donc, de l'audace!
Ne quitte pas la place,
Car c'est l'amour tenace
Qui l'emporte toujours!
Courage donc, courage!
Car jamais la plus sage
N'a fui le mariage
Et n'a fui les amours!

(Après cet ensemble, Andiol veut sortir; Gillette le retient.)

GILLETTE, bas, à son frère, et le soufflant toujours.

Ainsi, vous refusez de le voir... de l'entendre...

ANDIOL, répétant timidement.

Ainsi, vous refusez de le voir... de l'entendre...

CATHERINE, avec impatience.

Eh! oui vraiment! oui! cent fois oui!

GILLETTE, de même.
Ainsi, de vous il ne doit rien attendre?...

ANDIOL, avec plus d'expression.
Ainsi, de vous il ne doit rien attendre?...

CATHERINE, sèchement.
Rien! rien!

ANDIOL, avec sentiment et les larmes aux yeux.
Il aurait fait pourtant un bon mari!

GILLETTE, de même.
Oh oui!
Il aurait fait un bon mari!

CATHERINE, avec impatience.
Mais je ne veux pas de mari!
Je l'ai dit! je l'ai dit!

ANDIOL.
C'est dit!... tout est fini!
(Se dirigeant vers la porte.)
Et je n'ai plus qu'à m'aller pendre!

CATHERINE, se retournant.
Pourquoi donc?

GILLETTE, passant près d'elle.
C'est que cet époux
Si malheureux, si dévoué, si tendre...
C'est lui!

ANDIOL, tristement.
C'est moi!

CATHERINE, étonnée.
Comment?

GILLETTE.
C'est lui!

ANDIOL.

C'est moi !

CATHERINE.

C'est vous?

(Tendrement.)
Eh! que ne le disiez-vous!

ANDIOL et GILLETTE, poussant un cri.

Ah !

Ensemble.

CATHERINE, gaiement.

Et pourquoi se taire?
Pourquoi ce mystère?
A l'amour sincère
J'aurais pardonné!
Votre cœur soupire ;
Il fallait le dire !
Comment, sans rien dire,
Être deviné?

GILLETTE.

Tu le vois, mon frère,
A quoi bon se taire?
L'amour téméraire
Est seul fortuné!
Votre cœur soupire,
Dites-le, beau sire.
Comment, sans rien dire,
Être deviné ?

ANDIOL.

Ah! dans ma misère,
Le destin contraire,
A toujours me taire
M'avait condamné!
Mais son doux sourire
Finit mon martyre,

Et pour moi va luire
Un jour fortuné !

Pauvre, et voyant votre opulence,
Sans rien dire... je vous aimais !

CATHERINE.

Et moi, devant votre silence,
Sans rien vous dire... j'attendais !

ANDIOL, tendrement.

Je vous aimais !

CATHERINE, de même.

J'attendais !

Ensemble.

GILLETTE.

Tu le vois, mon frère, etc.

CATHERINE.

Et pourquoi se taire ? etc.

ANDIOL.

Ah ! dans ma misère, etc.

GILLETTE, à Andiol et à Catherine.

Eh bien ! vous le voyez !... Il n'y a rien de tel... que de dire : M'aimez-vous ? ou : Ne m'aimez-vous pas ? on sait à quoi s'en tenir. (A son frère.) Et maintenant... tu es heureux... je l'espère...

ANDIOL.

Eh bien ! non... pas encore ! je crains bien au contraire d'être le plus malheureux des hommes...

CATHERINE, étonnée.

Comment, monsieur ?... que vous faut-il donc encore ?

GILLETTE.

Quand tu es aimé de Catherine ! quand elle te choisit !

ANDIOL.

Mais son grand-père ne me choisira jamais ! Il est entêté

en diable à l'endroit des doublons... il lui en faut, et je n'en ai pas...

GILLETTE.

C'est vrai !

CATHERINE.

Nous n'avions pas pensé à cela.

ANDIOL.

Vous voyez donc bien... non pas que je me plaigne... au contraire ! je suis bien joyeux... bien content ! plus que je n'aurais jamais osé l'espérer... c'est pour cela... qu'il faut que je me hâte de mourir... pour mourir heureux !...

(Fausse sortie.)

GILLETTE, le retenant.

Mais ça n'a pas le sens commun !

CATHERINE et GILLETTE, voyant Mathéo qui entre par la porte de gauche.

Venez à notre secours, messire, venez-nous en aide !..

SCÈNE V.

GILLETTE, MATHÉO, ANDIOL, CATHERINE.

MATHÉO.

AIR.

Du Ciel les bontés protectrices
Sur vous s'étendent, mes enfants !
Il détourne les maléfices
Et brise l'espoir des méchants !

J'apporte de bonnes nouvelles !

TOUS.

Vraiment ! vraiment ! quelles sont-elles !

MATHÉO.

D'abord le vieux père Bazu,
Modérant sa grande colère,
Fait grâce à Pistoïa... pourvu
Qu'il rapporte la dot entière !
Quant à sa fille, objet charmant...
J'ai, par un conseil fort habile,
Fait comprendre que devenant
A marier plus difficile,
Pour son père il était urgent
De se montrer moins exigeant !
Qu'il devait donc, avec sagesse,
A l'or préférer la tendresse ;
Que je connaissais un amant,
Riche, hélas ! d'amour seulement,
Mais très-riche de ce côté...

TOUS.

Eh bien ?

MATHÉO.

Andiol est accepté !

TOUS, poussant un cri.

Ah !...

MATHÉO.

Du Ciel les bontés protectrices
Sur vous s'étendent, mes enfants !
Il détourne les maléfices
Et brise l'espoir des méchants !

Mais, redoutant un sort contraire,
Cet hymen, le père Bazu
Veut qu'il soit aujourd'hui conclu.
  (A part, en voyant la joie des jeunes gens.)
Il a raison... c'est nécessaire !
Chargeons-nous donc de tous les soins.
  (A Andiol.)
Toi, cherche les quatre témoins.
  (A Gillette.)
Toi, tu t'occuperas, Gillette,

Et du repas et de la fête.
(A Catherine.)
Vous, songez à votre toilette.

CATHERINE.
Quoi !... reprendre encor ma splendeur !

GILLETTE, riant.
Voyez le beau malheur !
Catherine !...

CATHERINE, à demi-voix.
Dis donc ma sœur !

GILLETTE, avec tendresse.
Ma sœur...

CATHERINE, avec joie.
Ma sœur !
Pour nous plus de peine !
Enfin cette chaîne
Unit de ses nœuds
Deux cœurs amoureux !
Pour ce mariage,
C'est fête au village !
Filles et garçons,
Chantons et dansons !
Que vif et fantasque,
Le tambour de basque
Redise aux échos
Nos chants provençaux !

GILLETTE, à Andiol.
Eh ! veux-tu donc encor te tuer maintenant,
Grand méchant !

ANDIOL.
Moi ! mourir... non, ma foi !
(A Catherine.)
Je veux vivre au contraire et toujours et pour toi !

Ensemble.

ANDIOL et CATHERINE.
Pour nous plus de peine, etc.

GILLETTE, MATHÉO.
Pour eux plus de peine! etc.

(Catherine entre à gauche chez elle, Mathéo sort par le fond. Andiol et Gillette restent seuls en scène.)

SCÈNE VI.

GILLETTE, ANDIOL, puis PISTOIA.

ANDIOL, avec explosion.

Ah!... Je n'y tiens plus... tiens, Gillette, ma sœur... embrasse-moi.

GILLETTE, souriant.

Ingrat!... est-ce bien moi que tu embrasses dans ce moment?...

ANDIOL.

Toi... et elle... c'est tout le monde! (Il va pour sortir par le fond et aperçoit Pistoïa à la porte.) Ah! ce cher Pistoïa... il faut que je l'embrasse aussi... lui qui, après tout, est la première cause... car, sans lui...

PISTOÏA.

Quoi donc?

ANDIOL.

Rien... embrasse-moi toujours... Eh! qu'est-ce que c'est que ce gros sac?

GILLETTE.

Et cet air désolé... que vous avez?

PISTOÏA.

Les deux, c'est la même chose !... c'est la dot que je rapporte ! parce que le père Bazu qui devait me tuer...

GILLETTE.

Vous pardonne... complétement...

PISTOÏA.

Complétement ! non pas ! il exige que je restitue la dot.. ce qui n'est pas juste...

GILLETTE.

Puisque vous avez refusé...

PISTOÏA.

Distinguons... refusé malgré moi !

GILLETTE.

Et pourquoi ?

PISTOÏA.

Pourquoi ?... je ne puis pas le dire !... (Faisant quelques pas vers la porte à gauche.) Je vais rendre au père Bazu ces deux mille nobles à la rose !... (Avec regret.) Les lui rendre, et pour qui ?...

GILLETTE, riant.

Pour mon frère !

PISTOÏA, stupéfait.

Que me dites-vous là !... il l'épouserait... il oserait l'épouser !

ANDIOL.

Et pourquoi donc pas ?

PISTOÏA, lui donnant une poignée de main.

Ce cher ami ! ce pauvre ami ! un brave garçon comme lui, ça me ferait trop de peine !

ANDIOL.

Eh ! de quoi vous mêlez-vous ?

GILLETTE.

C'est vrai! si vous ne voulez pas du mariage, n'en dégoûtez pas les autres...

PISTOÏA.

Il s'agit bien du mariage!... il a ses catastrophes... c'est connu... et on n'en meurt pas... tandis qu'ici...

ANDIOL.

Qu'est-ce que cela signifie?

PISTOÏA, à voix basse.

Jurez-moi tous les deux que vous ne soufflerez mot à qui que ce soit de ce que je vais vous confier...

GILLETTE.

Eh! oui!...

PISTOÏA, de même.

Sur votre âme!...

GILLETTE et ANDIOL.

Sur mon âme!...

PISTOÏA.

Eh bien!... apprenez donc... et je ne suis pas le seul qui le sache... dans le village, que Catherine a été fiancée autrefois par son père au diable lui-même!

ANDIOL, après un mouvement de surprise superstitieuse.

Allons donc!...

GILLETTE, s'efforçant de sourire.

Ce sont des contes de ma grand'mère!

PISTOÏA.

Il n'en est pas moins vrai... (A demi-voix.) que le diable est jaloux de sa fiancée, qu'il ne veut pas qu'on aille sur ses brisées... (Mystérieusement.) Il paraît qu'il a assez de cornes comme ça, et menace de tordre le cou à quiconque oserait épouser Catherine...

ANDIOL.

C'est absurde!...

PISTOÏA.

Il m'en a menacé! moi!... et les autres...

ANDIOL, avec colère.

Taisez-vous! ne répétez pas des sottises pareilles!... ou sinon... (Se calmant.) Je vais m'habiller pour la noce... et choisir mes témoins... pour vous prouver que je n'ai pas de rancune, voulez-vous être un des miens?...

PISTOÏA.

Je le voudrais... mais je ne suis pas assez brave pour ça.

ANDIOL.

Il suffit!... on en trouvera d'autres!... mais si vous ne voulez pas être assommé par moi... silence!...

PISTOÏA.

C'est dit!

ANDIOL.

Adieu, sœur! à bientôt!

(Il sort par le fond, en faisant de nouveau un geste menaçant à Pistoïa.)

SCÈNE VII.

GILLETTE, PISTOIA.

PISTOÏA.

Puisqu'il le veut, on ne dira mot aujourd'hui; mais je rirai bien demain quand le marié en s'éveillant se trouvera le cou tordu... crac!...

GILLETTE.

Voulez-vous bien vous taire! et ne pas faire des plaisanteries pareilles... c'est par envie ce que vous en dites, et parce que vous êtes furieux de voir mon frère prendre votre place.

PISTOÏA.

Si j'y avais tenu, à cette place, pourquoi l'aurais-je abandonnée ?

GILLETTE.

Parce que vous êtes un vieux garçon... qui tenez au célibat... qui redoutez le mariage... et n'osant pas l'avouer franchement... vous allez chercher un tas de raisons plus extravagantes les unes que les autres...

PISTOÏA, qui a déposé son sac d'argent sur la table.

Ah ! je suis un vieux garçon qui tient au célibat !...

GILLETTE.

Oui !

PISTOÏA.

Je redoute le mariage !

GILLETTE.

Et vous faites bien...

PISTOÏA.

Et j'aurais peur d'épouser une jeunesse !...

GILLETTE.

Peur ou prudence... comme vous voudrez !

PISTOÏA.

Eh bien ! c'est ce qui vous trompe !... car j'ai justement pour le quart d'heure une personne en vue.

GILLETTE.

Pauvre fille !

PISTOÏA.

Pas si pauvre !... car elle serait au contraire richement dotée. Monseigneur m'a dit tantôt en me frappant sur l'épaule : « Je te fais compliment, maître Pistoïa, d'avoir refusé cette petite niaise de Catherine... il y a mieux qu'elle au village... il y en a une surtout qui semble faite exprès pour toi... et que je te voudrais voir pour femme... »

GILLETTE.

Ah! qui donc?

PISTOÏA.

Vous ne devinez pas?

GILLETTE.

Du tout...

PISTOÏA.

C'est vous! vous-même!

GILLETTE, avec colère.

Moi!... par exemple! Monseigneur a pu parler ainsi?...

PISTOÏA.

Il trouve que nous nous convenons si bien... que si ce mariage avait lieu... il me donnerait pour cadeau de noces douze ou quinze cents nobles à la rose.

GILLETTE, à part.

Ah! l'indigne!... (Haut.) Et vous accepteriez?...

PISTOÏA.

Cette demande!... une dot perdue... une autre retrouvée... pas si belle que l'autre... mais enfin... tous les mariages se suivent, et ne se ressemblent pas... et puis ce brave seigneur en aurait tant de satisfaction... que pour cela seulement...

GILLETTE, avec dépit.

Je refuserais!

PISTOÏA.

Vous refuseriez... voilà qui est absurde! demandez plutôt à votre frère... que voici déjà de retour!... Ah! mon Dieu!... comme il est beau... et comme il est pâle... comme moi ce matin!

(Il reprend sur la table le sac d'argent.)

SCÈNE VIII.

Les mêmes ; ANDIOL, en habit de marié, le bouquet au côté, pâle et tenant à la main un papier rouge.

PISTOÏA.
Qu'est-ce que tu as donc, mon bon ami?...

ANDIOL.
Rien... rien, vous dis-je!... Mais vous oubliez que maître Bazu vous attend... pour cette dot que vous devez lui rapporter...

PISTOÏA.
C'est vrai... c'est vrai... cela te touche...

ANDIOL.
Précisément !

PISTOÏA.
Eh bien!... on y va... on va régler ses comptes... (A part.) C'est égal! le sien n'est pas bon!... et il y a déjà quelque chose...

(Il sort par la porte à gauche.)

SCÈNE IX.

GILLETTE, ANDIOL.

GILLETTE, tremblante.
Eh bien... qu'y a-t-il donc?...

ANDIOL.
Ce qu'il y a...

AIR.

A la hâte j'avais achevé ma toilette,
Et le bouquet en main, les gants blancs, l'air de fête,

J'allais, pour mon témoin, prendre le vieux Raimbeau,
Ami de la famille et gardien du château !
A peine étais-je entré dans le corridor sombre
Qui mène à son logis, que soudain à mes yeux
Une lueur blafarde, apparaissant dans l'ombre,
D'un des fils de l'enfer m'offre les traits hideux !...
Et quand, recommandant mon âme à ma patronne,
Tremblant, je m'élançais hors de ce lieu fatal,
J'aperçois dans ma main cet écrit infernal
Que Belzébuth venait d'y glisser !

GILLETTE, tremblante.

Donne... donne ?...

ANDIOL, regardant sa sœur.

Tu trembles comme moi !

GILLETTE.

J'ai grand' peur... c'est égal !
(Lisant.)
« Arrête ! il en est temps ! Si ta flamme insensée
    « De Belzébuth ravit la fiancée,
« Demain, pour châtier ton audace, demain,
« Je viendrai t'étrangler, moi-même, de ma main ! »
O ciel !...

(S'approchant d'Andiol qui est resté accablé.)
Demain !... demain !... redoute sa colère,
Ne lutte point contre un fatal destin !
Pour toi, pour moi, renonce à cet hymen.
Je n'ai que toi, mon frère, sur la terre ;
Et je mourrais, si tu mourais demain !
Mon bon frère, veux-tu que je meure demain !...

ANDIOL, prenant le papier des mains de sa sœur.
Demain ! demain ! oui, ma perte est certaine,
Jamais l'enfer ne nous menace en vain !
Mais que j'obtienne et son cœur et sa main,
Que Catherine aujourd'hui m'appartienne,
Qu'importe alors que je meure demain !
Aujourd'hui le bonheur, et le trépas demain !

4.

GILLETTE.
Ah! tu n'y penses pas!

ANDIOL, écoutant.
Tais-toi, ma sœur, c'est elle!

GILLETTE, lui montrant le papier rouge qu'Andiol tient encore dans sa main.
Mais vois donc!

ANDIOL, montrant Catherine.
Vois plutôt, toi-même, qu'elle est belle!

SCÈNE X.

LES MÊMES; CATHERINE, sortant de la porte à gauche, en habit de mariée, et arrivant en sautant de joie.

CAVATINE.

CATHERINE.
Me voilà! me voilà!
Avec mes habits de gala!
Ce n'est pas moi qu'on attendra.

Je suis prête
Pour la fête,
Et sous mon blanc corset
Mon cœur est inquiet :
Il s'agite
Et palpite;
Mais ce trouble me plait!
Ah! sans peine,
Je m'enchaîne,
Car de sa liberté
Le cœur est attristé!
Rester fille,
Sans famille,
N'est-ce pas triste, en vérité?

Mais je vois que pour attendre,

Je n'ai pas perdu, Dieu merci!
Et l'époux qu'on me fait prendre
Est celui que mon cœur a choisi.

Je suis prête, etc.

(Regardant Gillette, restée pensive auprès de la table.
Mais quelle mine sépulcrale!
(A Andiol.)
Et nos témoins?

ANDIOL.

Ah! je les oubliais!

CATHERINE.

Oublier! par exemple!

ANDIOL.

Et non! J'y vais... j'y vais!

CATHERINE, regardant Andiol qui sort.

Et lui, mon Dieu, comme il est pâle!
Oh! oui, ce n'est pas étonnant,
C'est comme moi!... c'est de contentement!

Car... je suis prête
Pour la fête, etc.

SCÈNE XI.

Les mêmes; MATHÉO, LE MARQUIS, les Seigneurs ses amis,
PISTOIA, Hommes et Femmes du village.

FINALE.

MATHÉO, au marquis.

Oui, mes nobles seigneurs, je marie aujourd'hui
La belle Catherine!

LE MARQUIS, d'un air contraint.

Eh! mais, j'en suis ravi!

(Montrant les seigneurs.)
Ainsi que ces messieurs!

CATHERINE, s'avançant timidement près du marquis.
C'est être bien hardie
Que d'oser vous prier...

LE MARQUIS.
De quoi, ma belle enfant?

CATHERINE, avec une révérence.
D'assister à ma noce!...

LE MARQUIS.
Ah! j'aime à la folie
Les noces de village!

TOUS LES SEIGNEURS.
Oui vraiment!... c'est charmant!

LE MARQUIS.
Et s'il le faut, je serais au besoin,
Heureux d'être votre témoin!

TOUS LES SEIGNEURS.
Moi de même! oui, vraiment!
C'est charmant!

LES SEIGNEURS.
Une noce de village,
Vraiment, c'est charmant!
Pour ce mariage
Où l'on nous engage,
Ici nous offrons gaiment
D'être les témoins de l'heureux amant!
Goûtons les plaisirs champêtres,
Car chacun est invité!
Ce n'est qu'à l'ombre des hêtres
Que l'on trouve encor la gaîté!

MATHÉO, à la foule entrée pendant le chœur des seigneurs.
En l'honneur du futur, un couplet; c'est l'usage.
Quoi!... je vous intimide? un jour de mariage,
La chanson est permise... et, jadis ouvrier,
Je me rappelle encor les refrains du métier!

CHANSON.

Au tournant du pont d'Avignon,
Habite un maître forgeron,
C'est un solide compagnon !
Le jour, la nuit, son marteau frappe !
　Frappe, cogne, cogne, tape,
Toujours sur l'enclume il refrappe !

LE CHOEUR, reprenant.

Le jour, la nuit, son marteau frappe, etc.

MATHÉO.

Il a fait pour le roi Henri
Casque et brassarts en fer poli,
La cotte et la cuirasse aussi.
Le jour, la nuit, son marteau frappe !
　Frappe, cogne, cogne, tape,
Toujours sur l'enclume il refrappe !

LE CHOEUR.

Le jour, la nuit, son marteau frappe, etc.

CATHERINE.

Un beau jour, voilà qu'en sa main
Le marteau s'arrête soudain ;
Plus de travail, plus de refrain.

GILLETTE.

C'est l'amour seul, l'amour qui frappe,
　Frappe, cogne, cogne, tape,
A son cœur c'est l'amour qui frappe !

LE CHOEUR.

C'est l'amour seul, l'amour qui frappe, etc.

MATHÉO.

Mais de celle qu'il aimait tant
Il obtient le consentement ;
A sa forge il revient gaîment,
Et sur le fer son marteau frappe,

Frappe, cogne, cogne, tape,
Toujours sur l'enclume il refrappe.

LE CHŒUR.

Et sur le fer son marteau frappe, etc.

PISTOÏA, à un groupe de villageois qui l'entourent.

A chacun, mes amis, son idée!... et les nôtres
Sont, je vous l'avoûrai tout bas,
Que ce nouvel hymen, aujourd'hui, n'aura pas
Plus de succès que les autres!

LE MARQUIS, à Pistoïa qu'il vient d'entendre.

Vous croyez?... et pourquoi?...

PISTOÏA, regardant autour de lui, et à voix basse.

D'abord, le fiancé
Ne vient pas!... ou du moins, il n'a pas l'air pressé!
Ce qui prouve... la chose est claire,
Qu'il hésite... ou refuse!...

LE MARQUIS, riant.

Au fait, il ne vient pas!

LES VILLAGEOIS, à demi-voix.

Non... non... il ne viendra pas!

PISTOÏA.

J'en suis sûr!

GILLETTE, à part.

Et moi, je l'espère.
Que Dieu d'ici détourne et son cœur et ses pas!

SCÈNE XII.

Les mêmes; ANDIOL, pâle et en désordre.

TOUS.

Le voici! le voici! Quelle pâleur!..
(A demi-voix.)
La crainte
Sur tous ses traits est empreinte!

ANDIOL, s'adressant à Mathéo.

Oh! mon ami, mon frère!...

CATHERINE, allant à lui.

Ah! qu'avez-vous, mon Dieu!

ANDIOL.

Notre hymen... aujourd'hui... ne saurait avoir lieu!

TOUS, poussant un grand cri.

O ciel!...

PISTOÏA, d'un air triomphant.

Je l'avais dit!

MATHÉO, à Andiol.

Et quel est cet obstacle?

GILLETTE, à part, avec joie.

Ou plutôt le miracle
Qui l'a sauvé!

ANDIOL, à Mathéo.

Croiriez-vous... quel affront!...
Que personne ne veut... ou n'ose, en ce village,
Me servir de témoin pour notre mariage!

MATHÉO, gaiement.

Si ce n'est que cela... d'autres t'en serviront!

ANDIOL.

Eh! qui donc?

MATHÉO, montrant le marquis.

Monseigneur et ses nobles amis?

LE MARQUIS, vivement.

Moi!

MATHÉO.

Vous-même, à l'instant, vous nous l'avez promis!

TOUS LES SEIGNEURS, gaîement.
C'est vrai! c'est vrai!

CATHERINE, remerciant.

Pour ce gentil mariage,
C'est vraiment beaucoup d'honneur,
Que le seigneur du village
Soit témoin de mon bonheur.

Ensemble.

LES SEIGNEURS.

Vraiment, c'est charmant!
Pour ce mariage,
Où l'on nous engage,
Ici, nous offrons gaîment,
D'être les témoins de l'heureux amant!
Goûtons les plaisirs champêtres,
Car chacun est invité;
Ce n'est qu'à l'ombre des hêtres,
Que l'on trouve encor la gaîté!

CATHERINE.

Pour ce gentil mariage, etc.

MATHÉO.

Pour ce gentil mariage,
C'est vraiment bien de l'honneur,
Que d'avoir dans le village
Pour témoin, monseigneur!

PISTOÏA, GILLETTE et LES PAYSANS.

O funeste mariage!
Quel malheur pour le village,
Et quelle fatalité!
(Regardant Andiol.)
Pauvre Andiol... ce soir peut-être,
Satan deviendra son maître
Par cet hymen redouté!

PISTOÏA, aux gens du village et leur montrant le marquis, pendant qu'on
place le bouquet au corsage de Catherine.

Malgré ce noble patronage
Croyez-moi bien, ce mariage
Ne s'achèvera pas!... c'est moi qui vous le di!

LE MARQUIS, qui s'est approché de lui et qui a entendu ces mots.

Vous le croyez?

PISTOÏA.

Et vous!

LE MARQUIS.

Moi!...

(A part.)
Je le crois aussi!

Ensemble.

MATHÉO.

Allons! plus de peine
Et plus de revers!
L'amour les enchaîne,
Il forge leurs fers.
Et pour eux, sans cesse,
Un pareil honneur
Doit, dans leur tendresse,
Leur porter bonheur.

LES SEIGNEURS.

Pour vous plus de peine!
Bravez les revers;
L'amour vous enchaîne,
Il forge vos fers.
Et pour vous, sans cesse,
Un pareil honneur
A votre tendresse
Portera bonheur.

CATHERINE.

Allons, plus de peine !
Bravons les revers,
L'amour nous enchaîne
Et forge nos fers.
Car j'ai leur promesse :
Un pareil honneur
A notre tendresse
Portera bonheur !

ANDIOL.

Demain dans sa haine,
Sous ses doigts de fer,
Que Satan m'entraîne
Au fond de l'enfer !
Je pourrai sans cesse
Braver sa fureur !
A moi ma maîtresse,
A moi le bonheur !

GILLETTE.

Dieu qui vois ma peine,
Pour lui qui m'est cher,
Désarme la haine
Des démons d'enfer ;
Oui, veille sans cesse,
O Dieu protecteur,
Et sur sa tendresse
Et sur son bonheur !

LE CHOEUR.

Je vois, pour sa peine,
Sous ses doigts de fer,
Satan qui l'entraîne
Au fond de l'enfer !
Flamme vengeresse,
Flamme dont l'ardeur
Punira sans cesse
Son fatal bonheur !

(Le marquis donne la main à Catherine, Andiol à sa sœur. Mathéo ouvre la marche, les autres seigneurs ferment le cortége, tandis que Pistoïa et les gens du village les suivent de loin avec crainte et curiosité.)

ACTE TROISIÈME

L'intérieur de la maison d'Andiol. — Porte au fond ; du côté gauche, au second plan, la porte d'une chambre à coucher ; au premier plan, un vieux bahut, près duquel se trouve une chaise. Du côté droit, au deuxième plan, une cheminée ; au premier plan, une table, sur laquelle est placée une lampe.

SCÈNE PREMIÈRE.

PISTOIA, Paysans et Paysannes, entrant silencieusement et d'un air étonné.

LES PAYSANS, à demi-voix.

Ils sont unis ! et le tonnerre
N'a pas encor grondé sur eux !
Ils sont unis ! pourtant la terre
Ne tremble pas ! c'est merveilleux !
C'est étonnant ! c'est merveilleux !

PISTOÏA.

Cela viendra ! rassurez-vous !
Pour quiconque se donne au diable
Le début est fort agréable,
Le commencement est très-doux !
Mais ça viendra !... rassurez-vous !

LES PAYSANS.

En attendant,

C'est étonnant !
Ils sont unis ! et le tonnerre
N'a pas encor grondé sur eux...

PISTOÏA.

Cela viendra !...

LES PAYSANS.

Ils sont unis ! pourtant la terre
Ne tremble pas !... c'est merveilleux !

PISTOÏA.

Cela viendra !

LES PAYSANS.

C'est étonnant ! c'est merveilleux !

SCÈNE II.

Les mêmes ; CATHERINE, ANDIOL, LE MARQUIS, et les Jeunes Seigneurs qui entourent Catherine.

LES SEIGNEURS.

Charmant visage !
Œil vif et doux !
Beauté sauvage
Qui nous rend fous !
Qu'elle a de grâce !
Chacun de nous
Voudrait la place
De son époux !

CATHERINE, à qui Andiol donne toujours le bras, faisant la révérence au marquis et aux seigneurs.

Ah ! combien je vous remercie
De vos égards et de vos soins ;
A vous, messieurs, vous, mes témoins,
Je dois le bonheur de ma vie !

(A Andiol, à demi-voix.)

Mais laissez donc un peu mon bras.

(Au marquis, en souriant.)
Mon mari ne me quitte pas!

ANDIOL, à part.
Ah! j'ai si peu de temps, hélas!
Si peu! si peu!

Ensemble.

LE MARQUIS et LES SEIGNEURS.
Charmant visage! etc.

ANDIOL, regardant Catherine avec amour.
Charmant visage!
Œil vif et doux!
Beauté sauvage
Qui les rend fous!
(Montrant les seigneurs.)
Dans leur audace,
Il voudraient tous
Prendre la place
De son époux!

PISTOÏA et LE CHŒUR DES PAYSANS.
Il sont unis! et le tonnerre, etc.

(Le marquis, les seigneurs, Pistoïa, les paysans et paysannes sortent tous par le fond. Catherine et Andiol restent seuls en scène.)

SCÈNE III.

CATHERINE, ANDIOL.

CATHERINE.
En vérité, vous avez l'air ingrat envers monseigneur, et c'est cependant bien, ce qu'il a fait pour nous!

ANDIOL, sans l'écouter, la regardant avec amour.
Te voilà donc!... ma Catherine!... tu es donc à moi!...

CATHERINE, continuant.

Lui qui a bien voulu nous servir de témoin quand nous n'en avions pas !

ANDIOL, de même.

Toi que j'ai tant aimée et rêvée !

CATHERINE.

Vous ne m'écoutez pas ?...

ANDIOL.

Non ! je te regarde !...

CATHERINE, souriant.

Vous avez le temps !

ANDIOL, avec douleur.

Peut-être !... j'ai besoin de me persuader que c'est toi, que c'est bien toi...

(Effleurant de ses lèvres le bord de son épaule.)

CATHERINE, timidement.

Andiol !...

ANDIOL.

C'est pour m'en assurer !... car je ne puis y croire encore !

CATHERINE.

Oui, celle qui est à vous... toujours à vous !

ANDIOL, faisant un geste de douleur.

Toujours !

CATHERINE, tendrement.

Oui vraiment ! jeunes tous les deux, nous avons devant nous tant de beaux jours !

ANDIOL, à part, avec douleur.

Et dire que demain... demain !

CATHERINE, continuant, gaiement.

Et maintenant, c'est toi... non... vous... je me trompe

toujours, qui désormais serez à la tête de notre ferme! mon grand-père y renonce pour son gendre! vous verrez la belle ferme! la belle campagne! j'y serai avec toi!... nous ne nous quitterons plus!

ANDIOL, avec douleur.

Catherine!...

CATHERINE.

Ou si vous me quittez, pour aller à l'ouvrage... comme j'attendrai votre retour avec impatience!...

ANDIOL, de même.

Catherine!

CATHERINE.

Comme je te verrai arriver de loin!... comme je courrai à ta rencontre pour t'embrasser!

ANDIOL, fondant en larmes.

Catherine!... Catherine, tais-toi!... je n'y tiens plus!

CATHERINE, étonnée.

Comment, monsieur... tu pleures!

ANDIOL.

Oui... de joie... et d'ivresse!... que veux-tu? l'excès du bonheur!...

CATHERINE.

Ça vous produit cet effet-là!

ANDIOL.

Oui vraiment...

CATHERINE.

Cela m'explique alors... votre air sombre et préoccupé... Et vous n'étiez pas le seul... Je n'ai jamais vu de mariage pareil... Je n'y faisais pas attention d'abord... j'étais trop inquiète, je ne vivais pas... je ne voyais rien! il me semblait comme vous que jamais ce mariage ne se ferait... mais quand j'ai été bien certaine de la chose... j'ai respiré... j'ai existé... j'ai regardé autour de moi... les gens du village se tenaient à distance... au lieu des chants et des cris de joie ordinaires, c'était un silence...

ANDIOL.

Respectueux !

CATHERINE, souriant.

C'est possible... mais le singulier, c'est qu'ils semblaient tous jeter sur vous des regards de compassion...

ANDIOL.

Sur moi... quelle idée !

CATHERINE.

C'est la vérité ! car M. Pistoïa, quand vous avez passé près de lui, a murmuré en vous regardant ces deux mots que j'ai très-bien entendus : « Pauvre malheureux ! » (Gaiement.) Est-ce que vous êtes malheureux... monsieur ?

ANDIOL.

Non... non... je ne le serai pas !

CATHERINE, naïvement.

Dame ! je tâcherai... d'abord, nous aurons ce soir tous nos parents et amis à souper !

ANDIOL.

A quoi bon un souper ?... c'est bien long !

CATHERINE.

Nous l'abrégerons... pour danser !... car nous avons un bal...

ANDIOL.

Un bal !... ça n'en finit pas !

CATHERINE.

Il n'y a pourtant pas de noces sans bal, ça ne s'est jamais vu... dans le pays !... (Vivement.) Et les ménétriers... les avez-vous commandés ?...

5.

ANDIOL, brusquement.

Non!

CATHERINE.

Comment, non!... et à quoi pensez-vous ?

ANDIOL.

A toi, Catherine!... toujours à toi !

CATHERINE.

Voyons! il faut prévenir sur-le-champ notre orchestre.

ANDIOL.

M'éloigner de toi... non pas!

CATHERINE.

Il n'y a pas de temps à perdre!... courez vite!... (A Andiol, qui l'embrasse encore.) Mais ça ne ressemble à rien... monsieur, obéissez-moi, d'abord, et plus tard je vous en récompenserai... je vous le promets.

ANDIOL, avec impatience.

Plus tard!... plus tard!... le temps passe si vite!...

CATHERINE.

Alors, obéissez vite!... et reviens... je le veux !

ANDIOL.

Tu le veux... Ah! ce ne sera pas long !

CATHERINE.

Aussi bien... voici, je crois, nos invités qui arrivent pour le souper... à commencer par M. Pistoïa...

ANDIOL.

Bonsoir, bonsoir, mon cher Pistoïa... à tout à l'heure...

(Il sort par le fond.)

SCÈNE IV.

CATHERINE, PISTOIA.

PISTOÏA, regardant sortir Andiol.

Adieu! (Avec un soupir.) Adieu... mon pauvre ami!

CATHERINE, à part, s'asseyant près de la table, à droite.

Mon pauvre ami... (Riant.) Décidément il y tient... (Haut.) Eh bien! monsieur Pistoïa... voilà pourtant notre mariage fait.

PISTOÏA.

Peut-être!

CATHERINE.

Comment, peut-être?

PISTOÏA.

Il s'agit, avant tout, de voir ce que dureront les choses!... et qui vivra verra, comme on dit!

CATHERINE, gaiement.

Eh bien! je verrai!... car je vous jure, monsieur Pistoïa, que je n'ai pas envie de mourir!

PISTOÏA.

Vous, non pas! mais tout le monde n'en peut pas dire autant! ceux, par exemple, qui malgré l'expérience et les conseils de leurs amis, ont voulu courir à leur perte!

CATHERINE.

Qu'est-ce que cela signifie?

PISTOÏA.

Je voulais vous dire ça pour que vous puissiez un jour

attester, toute la première, que là-dedans je n'ai rien à me reprocher... et que c'est Andiol lui seul...

CATHERINE.

Andiol!...

PISTOÏA.

Qui n'écoutant que sa folle passion...

CATHERINE.

Achevez, de grâce... achevez donc !

PISTOÏA.

Mais, tout considéré... je ferai mieux de me taire... aussi bien vous le verrez toujours assez tôt...

(Il fait quelques pas pour sortir.)

CATHERINE.

Au nom du ciel... parlez, je vous en supplie... avant qu'on arrive pour le souper... ou le bal...

PISTOÏA.

Je ne sais pas s'il y aura quelqu'un dans le village d'assez intrépide pour oser manger... ou danser!... mais pour ma part... la peur paralyse mon estomac et mes jambes... et je venais, ma voisine, vous dire, qu'à mon grand regret... je ne pourrais être des vôtres...

CATHERINE.

Et pourquoi?

PISTOÏA, avec mystère.

J'en ai peut-être déjà trop dit! (Faisant un pas pour sortir.) Adieu!... adieu!...

CATHERINE, se mettant devant lui et d'un ton ferme.

Non ! vous ne sortirez pas que je ne sache la cause de toutes ces terreurs qui m'environnent, sinon et pour vous faire parler, je m'adresserai à mon mari.

PISTOÏA, à part avec effroi.

Son mari!... lequel?... si c'était l'autre...

CATHERINE.

Parlez donc!...

PISTOÏA.

Eh bien! puisque vous le voulez... (S'arrêtant avec terreur, et désignant la cheminée.) Il me semble avoir entendu du bruit de ce côté.

CATHERINE, haussant les épaules.

Allons donc! une muraille!...

PISTOÏA.

Qui donne sur les ruines du vieux château. En tous cas... et pour qu'on ne puisse m'entendre... apprenez...

(Il lui parle à voix basse.)

CATHERINE, écoutant.

Comment... que dites-vous?... Oh! mon Dieu!
(Elle tombe dans un fauteuil et se cache la tête entre les mains.)

PISTOÏA, regardant autour de lui avec effroi.

Silence! au nom du ciel! ou plutôt de l'enfer!

CATHERINE.

Maudite! je suis maudite!... et c'est par amour pour moi qu'il s'est exposé à sa perte éternelle... (Regardant sur la table près de laquelle elle est assise.) Ah! ce papier!... à mon adresse!...

PISTOÏA.

Un papier rouge?...

CATHERINE, tenant le papier.

Oui!

PISTOÏA.

Avec des caractères noirs?...

CATHERINE.

Oui!...

PISTOÏA.

Je connais!... J'en ai reçu!... c'est de Satan.

CATHERINE, jetant un cri.

Ah! je n'oserai jamais le lire...

PISTOÏA, tremblant, prenant le papier.

Si je puis... vous rendre ce service... par l'intérêt... et la curiosité... que vous m'inspirez...

CATHERINE, qui s'est levée.

Eh bien! eh bien!

PISTOÏA, qui a lu le papier.

Il paraît qu'il ne tenait pas beaucoup à la bénédiction nuptiale... (S'interrompant.) ça se conçoit!... Mais il est jaloux de sa fiancée... jaloux comme un démon... c'est tout naturel... et, cependant, il fera grâce à votre mari... et consent même à le laisser vivre... à une condition...

CATHERINE, vivement.

Laquelle?

PISTOÏA, lisant.

« C'est que vous n'écouterez plus d'Andiol le plus petit
« mot d'amour. »

CATHERINE, vivement, lui arrachant le papier des mains.

Je le jure!... qu'il vive seulement!... qu'il vive... c'est tout ce que je demande, et je ne recevrai plus de lui la moindre déclaration...

PISTOÏA.

Dame! il y va de ses jours!

CATHERINE.

Pas le moindre baiser!... (Vivement.) Ah! mon Dieu! il m'en a déjà donné deux!

PISTOÏA.

Tant pis... par Notre-Dame!... tant pis!... ça peut produire le plus mauvais effet!

CATHERINE.

C'est vrai! Je ne peux pourtant pas les lui rendre!

PISTOÏA.

Ce serait encore pis ! (Écoutant.) Aussi, entendez-vous, dans le lointain, l'orage qui gronde ?...

CATHERINE, effrayée.

C'est vrai !... il approche !...

PISTOÏA.

Ça commence déjà ! vous voyez les conséquences !...

CATHERINE.

Ah ! mon Dieu ! mon Dieu !

SCÈNE V.

LES MÊMES; GILLETTE.

GILLETTE, arrivant du fond.

Qu'avez-vous donc tous deux... à trembler ainsi ?

CATHERINE.

C'est l'orage...

GILLETTE.

Il menaçait depuis une heure... tant il y avait de nuages...

PISTOÏA.

Et le tonnerre... entendez-vous ?

GILLETTE.

C'est tout simple !

CATHERINE.

Et ce papier ?...

(Un coup de foudre éclate. Pistoïa effrayé s'enfuit par le fond, Catherine par la gauche. Gillette parcourt des yeux, en tremblant, le papier que lui a remis Catherine ; elle pousse un cri d'effroi et s'élance au devant d'Andiol qui rentre en ce moment.)

SCÈNE VI.

GILLETTE, ANDIOL, entrant vivement par le fond.

ANDIOL.

Que sur moi le tonnerre gronde! rien ne m'effraiera!

GILLETTE, courant à lui.

Mon frère!...

ANDIOL, avec colère.

Il n'y aura, grâce au ciel, ni souper, ni bal! nos convives refusent!

GILLETTE, à part.

Ça ne m'étonne pas!

ANDIOL.

Ils refusent tous! tant mieux!... Nous voilà seuls!... seuls enfin! moi et Catherine!

(Il se dirige vers la porte à gauche.)

GILLETTE.

Où vas-tu?

ANDIOL.

Que t'importe?

GILLETTE.

Tu cours à ta perte!

ANDIOL.

C'est possible!.. mais j'y suis résolu! Adieu, ma sœur, ma bonne sœur! éloigne-toi d'un maudit comme ils le disent tous... il y a ici trop de danger!...

GILLETTE.

Quitter notre maison!... te quitter!... toi, mon frère... jamais!... si Belzébuth doit t'emporter, il faudra qu'il m'emporte aussi!

ANDIOL.
Éloigne-toi... je le veux !

GILLETTE.
Et moi je ne le veux pas !

SCÈNE VII.

Les mêmes ; MATHÉO, paraissant à la porte du fond.

GILLETTE.
Ah ! cousin, venez à notre aide !...

MATHÉO.
De quoi s'agit-il, mes amis ?

GILLETTE, lui donnant le papier que lui a remis Catherine.
Tenez, lisez vous-même cet écrit qui nous vient de Satan !

MATHÉO.
Que dites-vous ?

GILLETTE.
Ce n'est pas le premier ! déjà mon frère a reçu de son côté un avis à peu près pareil !

ANDIOL.
C'est vrai ! (Tirant le papier rouge de sa poche.) Tenez, cousin, le voici !

MATHÉO, regardant alternativement les deux écrits, et à part.
Une épître à la femme !... Une épître au mari ! Voilà, de la part de l'enfer, une correspondance bien active ! (Réfléchissant.) C'est singulier ! (Désignant Gillette.) Si c'était avec Gillette, ma petite cousine, qui a déjà prêté l'oreille au tentateur... je ne dis pas !... mais avec ceux-ci, qui n'ont rien à se reprocher... (Secouant la tête.) Voilà une diablerie qui me paraît suspecte. (A voix haute.) Écoute, Andiol, écoute bien !

ANDIOL.

Oui, cousin.

MATHÉO.

Si Satan, comme il vous en menace, vous rendait visite cette nuit, venez me trouver...

ANDIOL.

Oui, cousin!

MATHÉO.

Au presbytère, où je vais rejoindre Monseigneur...

ANDIOL.

Oui, cousin.

GILLETTE, vivement.

Mais si Belzébuth ne les laissait pas sortir?

MATHÉO.

C'est une idée. (Rêvant.) Attends! Ton père, mon ancien ami, qui fut un brave soldat et un bon chrétien, ne marchait jamais, en temps de guerre, sans quelque rosaire, quelque amulette bénits... il doit en avoir laissé dans son héritage?

ANDIOL.

Je ne crois pas.

MATHÉO.

Cherchez toujours, cherchez... Vois, Gillette, là... dans ce vieux bahut!

(Gillette, près du bahut à gauche qu'elle vient d'ouvrir, en tire divers objets qu'elle donne à Andiol. Andiol les remet à Mathéo qui les regarde et les pose sur la table près de lui, à droite.)

TRIO.

GILLETTE.

Voici sa gourde, sa bouteille
Qui jamais ne l'abandonnait!

ANDIOL, renversant la bouteille.

Absente est la liqueur vermeille
Qui de ses maux le consolait.

(Il la remet à Mathéo.)

GILLETTE.

Puis, sa vieille pipe!...

ANDIOL, la secouant dans la paume de sa main.

Où réside
Un reste de tabac!

MATHÉO.

Vraiment!

(Il la pose sur la table à droite.)

GILLETTE.

Puis sa bourse!

(Elle la remet à Andiol.)

ANDIOL, la remettant à Mathéo.

Tout à fait vide!

MATHÉO, la prenant avec un soupir.

C'était ainsi de son vivant!

GILLETTE, tirant toujours du bahut différents objets qu'elle remet à Andiol.

Un sac à poudre!

ANDIOL, les remettant à Mathéo.

Et des balles de plomb!

MATHÉO, les prenant et les plaçant sur la table.

C'est bien!

(A Gillette.)
Mais, vois encor.

ANDIOL, à sa sœur.

Vois donc!

GILLETTE, tirant un pistolet du temps.

Une arme de combat!

ANDIOL, le remettant à Mathéo.
Et d'une forme antique !

MATHÉO, le prenant vivement.

Donne, donne-moi vite...
(Le regardant.)
Ah ! je le reconnais !
Arme sainte et bénie et qu'ici je cherchais !
Son pouvoir contre l'hérétique
En tous les temps fut authentique !
C'est là ce qu'il nous faut !

(Mathéo debout, près de la table à droite, charge le pistolet pendant l'ensemble suivant, tandis qu'Andiol et Gillette, placés à gauche et serrés l'un contre l'autre, l'observent avec crainte.)

MATHÉO, tout en chargeant le pistolet.

Mon vieil ami, fais que ce talisman,
Jadis l'effroi du mécréant,
Défende aujourd'hui ton enfant,
Et le garde contre Satan !
D'en haut tu vois notre détresse,
Le danger est pour lui pressant ;
Que Dieu soutienne sa faiblesse,
Et qu'il confonde le méchant !

ANDIOL et GILLETTE, à part.

Mon Dieu ! que veut-il faire ?
Et quel est ce mystère ?
A ses ordres soumis,
Mettons-nous en prière ;
C'est l'ami de mon père,
Suivons bien ses avis.

MATHÉO, montrant le pistolet qu'il vient de charger et qu'il pose sur la table à droite.

Prenez cette arme sainte !

ANDIOL.

Et puis ?

MATHÉO.

Contre Satan,
Sans hésiter, servez-vous-en !

ANDIOL, étonné.

Une arme à feu, contre Satan !

GILLETTE.

Qui dans le feu passe sa vie entière !

MATHÉO, avec impatience.

Enfin, servez-vous-en !
Pour vous d'abord... et moi, du presbytère
Où pour vous je prirai... peut-être j'entendrai !

GILLETTE.

Vraiment !

MATHÉO.

Et vers vous je viendrai !

Ensemble.

MATHÉO, à part, avec finesse.

Oui, si j'ai bien su lire
Quel est le vrai Satan,
Contre lui doit suffire
Un pareil talisman !
Et si mon cœur m'abuse,
O mon Dieu, tu ne peux
M'en vouloir d'une ruse
Qui ferait deux heureux !

ANDIOL et GILLETTE.

A peine je respire !
Eh quoi ! contre Satan,
Employer, quel délire !
Un pareil talisman !
Ma raison s'y refuse.

(Montrant Mathéo.)

Mais son cœur généreux
De lui-même s'abuse
Pour faire des heureux !

ANDIOL, à Mathéo, lui tendant la main.
Merci, cousin!

MATHÉO.
Et sur ce, bonne nuit!

ANDIOL.
Adieu donc!... laissez-moi...

GILLETTE, à part.
Non pas! car je l'ai dit :
En vain il prétend que je sorte,
Moi!... j'entends rester près de lui,
Et si jamais Satan l'emporte,
Il faudra qu'il m'emporte aussi !

Ensemble.

MATHÉO à part.
Oui, si j'ai bien su lire, etc.

GILLETTE et ANDIOL.
A peine je respire! etc.

(Mathéo sort par le fond avec Gillette, qui revient sur ses pas et se cache derrière la cheminée qui est à gauche.)

SCÈNE VIII.

ANDIOL, GILLETTE, cachée, puis CATHERINE.

DUO.

ANDIOL, reste plongé quelques instants dans sa rêverie, puis il va fermer la porte du fond.
Je suis seul!... O bonheur dont s'enivre mon âme !
(Allant frapper à la porte de gauche.)
Catherine!... C'est moi!... Catherine!... ma femme !

CATHERINE, paraissant pâle et triste.
Que voulez-vous?

ANDIOL, la regardant.
Dieu! quel air glacial!

CATHERINE, gravement.
Vous couriez à la mort.
(Vivement.)
On vient de tout m'apprendre!
Et je veux vous sauver, et je veux vous défendre
Contre moi... contre vous! surtout contre un rival!

Pour désarmer sa rage extrême,
Pour calmer ses transports jaloux,
Écoutez-moi bien : Je vous aime,
(Avec tendresse.)
Oui, je vous aime... je vous aime,
Et ne serai jamais à vous!

ANDIOL, avec chaleur.
Ah! si j'ai bravé la mort même
Et Satan, et l'enfer jaloux,
C'était pour te dire : Je t'aime!
Je t'aime! je t'aime!
Et pour tomber à tes genoux
Oui, pour mourir à tes genoux!

CATHERINE, détournant la tête.
Non, non, je ne puis être à vous!

ANDIOL.
Moi! qui t'aime d'amour si tendre!...

CATHERINE, effrayée.
Ah! je crains de pareils discours!

ANDIOL, avec tendresse.
Refuser même de m'entendre!

CATHERINE.
Hélas! c'est pour sauver vos jours!

ANDIOL.
Ah! par les chaînes les plus douces

Devaient s'embellir nos amours,
Et tu me fuis!... tu me repousses!...

CATHERINE.

Hélas! c'est pour sauver vos jours!

ANDIOL.

A quoi donc me sert l'existence,
Si je vis, hélas! sans t'aimer?
Si je dois souffrir en silence,
Loin de toi, qui m'as su charmer!

CATHERINE, à part, cédant malgré elle à l'amour qui l'attire.

Son amour, hélas! m'épouvante,
Dans mon cœur il jette l'effroi;
Mais pourtant sa voix suppliante
Vers lui m'attire malgré moi!

ANDIOL.

Ton regard me trouble et m'enivre!

CATHERINE.

Sans amour, hélas! je dois vivre.

ANDIOL.

Ah! sans toi, je ne puis plus vivre!

Ensemble.

CATHERINE.

Ah! laisse-moi!
Reprends ta foi!
Je veux que l'amitié nous lie.
Crains le trépas,
Et ne va pas
Pour un baiser risquer ta vie!

ANDIOL.

Ne me fuis pas,
Viens dans mes bras,
C'est ton époux qui t'en supplie!
Mon cœur à toi!
Ah! laisse-moi,

Pour un baiser risquer ma vie !
(La lampe s'éteint. On entend un bruit de chaînes au dehors.)

CATHERINE, se dégageant vivement de ses bras.
Entends-tu ?

ANDIOL.
Non ! rien, sur mon âme !

CATHERINE.
Ce bruit de chaînes et de fers !...

ANDIOL.
Je n'entends rien !...

CATHERINE, voyant une lueur paraître à une croisée.
Et cette flamme ?...

ANDIOL, tendrement.
J'oublie, en te voyant, Satan et les enfers !

CATHERINE.
Son amour, hélas ! m'épouvante,
Dans mon cœur, il jette l'effroi ;
Mais pourtant sa voix suppliante
Vers lui m'attire malgré moi.

ANDIOL.
Ton regard me trouble et m'enivre.

CATHERINE.
Sans amour, hélas ! je dois vivre.

ANDIOL.
Ah ! sans toi, je ne puis plus vivre !

Ensemble.

ANDIOL.
Ne me fuis pas,
Viens dans mes bras,
Au nom de l'amour qui nous lie,
Mon cœur à toi !
Oui, laisse-moi,
Pour un baiser donner ma vie !

CATHERINE.

Ah ! laisse-moi !
Reprends ta foi !
Que l'amitié seule nous lie !
Crains le trépas,
Et ne va' pas,
Pour un baiser donner ta vie !

(A la fin de cet ensemble, Andiol embrasse Catherine, le bruit de chaînes et les flammes redoublent. Catherine effrayée pousse un cri.)

CATHERINE, montrant la cheminée à droite, dont le fond vient de s'ouvrir.

Le voici !

ANDIOL, l'entraînant.

Suis-moi... viens...

CATHERINE.

Où donc ? que veux-tu faire ?

ANDIOL.

Il en est temps encor... courons au presbytère...
Viens, viens...

(Le bruit de chaînes devient encore plus fort, Andiol et Catherine s'élancent par la porte du fond qu'ils referment. Gillette, qui, en ce moment, est sortie de derrière la cheminée, où elle était cachée, se trouve dans l'obscurité.)

GILLETTE, se dirigeant vers la porte à gauche.

Mon frère !

(Elle jette un coup d'œil dans la chambre nuptiale, qui est vide.)

Au moins ils sont sauvés !... et moi...

(Elle court vers la porte du fond, qu'Andiol a fermée en dehors, en s'en allant.)

Fermée !... elle est fermée !

(Pendant ce temps, la plaque de la cheminée a glissé, laissant voir un personnage mystérieux.)

GILLETTE, se soutenant à peine.

Ah ! je me meurs d'effroi !

(Elle fait quelques pas vers la porte à gauche, et tombe évanouie sur une chaise.)

SCÈNE IX.

GILLETTE, à gauche, évanouie; LE MARQUIS, sortant du fond de la cheminée à droite. Il est en robe de chambre de satin rose, toilette la plus recherchée. Depuis l'entrée du marquis, les flammes ont cessé et la chambre, où il s'avance, est dans une complète obscurité.)

LE MARQUIS, à demi-voix.
Je n'entends rien!... avançons...
(Se regardant avec complaisance.)
Un diable fait sur ce modèle,
Un Belzébuth, avec de pareilles façons,
Ne doit pas, je suppose, effrayer une belle !
(Il s'est avancé jusque près de la chaise où Gillette s'est évanouie et la touche de la main.)
C'est elle !...
(Avec joie.)
Et seule !...
(Riant.)
Eh oui !... la chose est naturelle !
Le mari tremblant de frayeur
S'est enfui, la laissant au pouvoir du vainqueur !

GILLETTE, qui commence à revenir à elle.
O terreur!

LE MARQUIS, à part.
O bonheur!

COUPLETS.

Premier couplet.

Rassurez-vous, ma fiancée !
Vous craignez, tremblante et glacée,
Et de m'entendre et de me voir...
On vous a peint le diable en noir!
Il en est de couleur de rose !...

S'ils brûlent, comme on le suppose,
De leurs feux l'éternelle ardeur
N'existe, hélas! que dans leur cœur!

GILLETTE, qui vient de l'écouter attentivement.

Surprise sans égale
Qui confond ma raison!
Où donc ai-je entendu cette voix infernale?
Où donc? où donc?

LE MARQUIS.

Deuxième couplet.

Ma jeune et belle fiancée,
Celui qui vous a délaissée
Ne fut jamais digne de vous!
C'est moi, moi qui suis votre époux!
Avec moi, vous aurez sans cesse
Plaisirs, parures et richesse
Et des diamants dont les feux
Égalent ceux de vos beaux yeux!

GILLETTE.

Surprise sans égale
Qui confond ma raison!
Où donc ai-je entendu cette voix infernale?
Où donc? où donc?

LE MARQUIS, à part.

Elle se tait!... elle est émue!...
Avec Satan, quand femme hésite... elle est perdue!

(Gillette qui a remonté le théâtre, redescend par la droite et s'arrête près de la cheminée dont le fond est resté ouvert.)

DUO.

GILLETTE.

O ciel! ce passage secret
Par lequel, autrefois, près de moi se glissait
Cet autre Belzébuth!... le marquis!

(Rêvant.)

Si c'était...
Si c'était lui!...
(Refermant la porte du passage.)
Courage! assurons-nous du fait!
(Redescendant près de la table à droite, et sur laquelle Mathéo a laissé le pistolet. A voix haute.)
Je crains peu, Belzébuth, ton accent doux et traitre,
Et t'ordonne de disparaître!
Ou sinon, sur toi, je fais feu
Avec cette arme sainte...

LE MARQUIS, effrayé.
Dieu!

GILLETTE.
Avec ce pistolet que mon brave cousin
A chargé tout à l'heure et béni de sa main.

LE MARQUIS, à part.
C'est la voix de Gillette... Ah! diable!

GILLETTE, avançant.
Disparais, ou je tire.

LE MARQUIS, à part.
Ah! elle en est capable!
Tant elle est bête!
(Haut et passant à droite.)
Je m'en vas!
Ne tirez pas, ne tirez pas!

Ensemble.

GILLETTE, gaiement.
Mais il me semble
Que l'enfer tremble!
Que son courroux
Devient plus doux!
Ah! j'y vois clair,
Oui, Lucifer
Parait moins fier,
Même il a l'air

6.

D'avoir grand' peur !
Ah ! quel bonheur !

LE MARQUIS.

D'honneur, je tremble !
C'est, il me semble,
Pour un aveu
Jouer gros jeu !
On peut, c'est clair,
Tuer l'enfer,
Et Lucifer
Paîrait trop cher
Et son bonheur
Et cette erreur !

GILLETTE.

Disparais !...

LE MARQUIS, avec impatience et cherchant vainement le passage dans la muraille.

Impossible ! Il faut donc que le diable
Ait lui-même enlevé ce passage introuvable ?

GILLETTE, avec force.

Disparais !

LE MARQUIS, avec impatience.

Attends donc !

GILLETTE.

Quoi ! tu n'as pas encor
Disparu ?

LE MARQUIS, avec colère.

Je ne puis !

GILLETTE, tirant le pistolet en l'air.

Eh bien donc !

(Le coup de pistolet part, le marquis tombe sur une chaise.)

LE MARQUIS.

Je suis mort !

Ensemble.

GILLETTE, gaiement.

Le diable est mort! le diable est mort!
Mort sous mes coups! quel coup du sort!
Ah! quel bonheur! le diable est mort!

LE MARQUIS, levant la tête, à part.

Non, non, non, je ne suis pas mort,
Je crois que je respire encor,
Mais prudemment faisons le mort!

GILLETTE, au fond de la chambre, criant.

Alerte! alerte... le diable est défunt... courez allumer le grand four du château!...

LE MARQUIS, à part.

Ah! mon Dieu!... (A demi-voix.) Veux-tu te taire!...

GILLETTE, criant.

Pour y consumer son corps...

LE MARQUIS, de même.

Gillette!...

GILLETTE, criant toujours.

Et qu'il n'en reste rien!

LE MARQUIS, parlant plus haut.

Gillette! Gillette!

GILLETTE, feignant d'être effrayée.

O ciel!... Satan qui revient et m'appelle!...

LE MARQUIS.

Comment! ne vois-tu pas que c'est moi?...

GILLETTE.

Qui, vous?

LE MARQUIS.

Le marquis!

GILLETTE.

Est-il Dieu possible ! Laissez-moi d'abord rallumer cette lampe... que je puisse m'y reconnaître...

LE MARQUIS, à part.

Cela fera bien... car elle ne voit rien, tant elle est bête !

GILLETTE, prend un briquet, et s'occupe de rallumer la lampe, tout en continuant à causer.

Car si vous êtes réellement le marquis, ça me fait grand' peur pour vous !... attendu que l'occasion que cherchait Mathéo... de vous brûler vif...

LE MARQUIS.

Moi... et à quel propos... quand disait-il cela ?

GILLETTE, cherchant toujours à allumer sa lampe.

Ce matin... je crois... quand je lui parlais de cette promesse de mariage... par vous oubliée...

LE MARQUIS, avec effroi et vivement.

Comment, petite niaise, tu lui en as parlé ?

GILLETTE.

Je lui dis tout !... (Allumant la lampe.) Voilà que ça prend ! — « Ah ! s'est-il écrié, si je trouve moyen de le livrer aux bûchers de l'inquisition... » et ce moyen... le voilà... vous le lui avez fourni !

LE MARQUIS.

Moi !...

GILLETTE.

Un pacte avec l'enfer !... une profanation !... et ces deux lettres sur papier rouge qu'il a entre les mains...

LE MARQUIS, avec effroi.

Il les a ?...

GILLETTE.

Contrefaire la signature de Satan... (Pleurant.) Ah ! vous serez brûlé... c'est sûr... quel désagrément pour nous !

LE MARQUIS, avec impatience.

Et pour moi donc!... Au lieu de pleurer comme une sotte... défends-moi, protége-moi auprès de ton damné cousin!

GILLETTE.

Est-ce que je le peux?... je suis si bête!... et d'ailleurs il est trop tard... Éveillés sans doute par ce coup de pistolet, les voilà tous qui viennent... les entendez-vous? pour brûler Satan et jeter ses cendres au vent...
(On entend dans le lointain un bruit de marche qui va toujours en crescendo jusqu'à la fin de cette scène.)

LE MARQUIS.

Sauve-moi... Gillette, sauve-moi!

GILLETTE.

A quoi bon rendre service aux gens qui ne vous aiment plus?

LE MARQUIS, avec chaleur.

Mais c'est ce qui te trompe!... je t'aime, Gillette, plus que jamais! ça m'est revenu! ça me revient dans ce moment! et si tu pouvais lire dans mon cœur... tu verrais... que mon seul désir... serait de t'épouser à l'instant même... si c'était possible... mais ça ne l'est pas!

GILLETTE, vivement.

Et si ça l'était!...

LE MARQUIS.

Comment cela?...

GILLETTE.

Dame!... en signant la promesse que j'ai là... mais vous n'aurez pas le temps...

LE MARQUIS, la prenant.

Donne... donne!... (Regardant.) O ciel!... le sceau et les armes de l'inquisition... sais-tu qu'une pareille promesse... est valable?

GILLETTE.

Et vous ne le voulez pas...

LE MARQUIS.

Si vraiment... je signe... sans hésiter.

GILLETTE, prenant la promesse.

Aussi bien... la porte cède... ainsi que la clôture!...

LE MARQUIS, à part.

Décidément elle est moins bête que je ne croyais.

(Pendant la fin de la scène, le chœur extérieur a toujours été en crescendo, la porte et la fenêtre du fond s'ouvrent, et laissent voir la campagne d'Avignon éclairée par la lune.)

SCÈNE X.

LES MÊMES ; MATHÉO, PISTOIA, LES SEIGNEURS et LES PAYSANS; puis ANDIOL et CATHERINE.

FINALE.

LE CHŒUR.

Vade retro, Satanas!
Loin de nous porte tes pas!
Vade retro, Satanas!
Ne reviens plus ici-bas!

Que le saint bûcher s'allume!
Que la flamme le consume!
Et que le ciel livre au vent
Les cendres du mécréant!

Vade retro, Satanas!
Loin de nous porte tes pas!
Vade retro, Satanas!
Ne reviens plus ici-bas!

(Ce chœur est chanté presque en entier derrière le théâtre, avant l'ouverture du fond.)

TOUS, avançant en scène.
Où donc est-il?

LE MARQUIS, montrant Gillette.
C'est par son énergie
Que nous sommes sauvés!

GILLETTE, à Mathéo.
Devant l'arme bénie
Qui me venait de vous, Satan a disparu!

TOUS.
Disparu! disparu! disparu!

GILLETTE, au marquis.
Vous étiez là!... vous l'avez-vu?

LE MARQUIS, avec aplomb.
J'étais là... je l'ai vu... disparu!
En jurant que dans ce village
Il ne reviendrait plus!
(A Gillette, comme pour l'appeler en témoignage.)
Il l'a dit!

GILLETTE.
Oui, vraiment!
(Avec intention.)
Il me semble l'entendre encor, dans ce moment!

LE MARQUIS.
Et pour récompenser cet acte de courage,
Qui du malin esprit nous a préservés tous,
De Gillette j'entends devenir l'époux!

TOUS.
Vous!

ANDIOL, stupéfait.
Lui, mon beau-frère!

CATHERINE.
Ah! quel bonheur nouveau!

ANDIOL.
Oh! j'en mourrai de joie!

PISTOÏA.
>Et moi, de rage!

GILLETTE, bas, au marquis, en souriant.
Le diable n'est plus au village!

LE MARQUIS, de même.
Il est désormais au château!

CATHERINE.
Le diable n'est plus au village,
Plus de dispute... et désormais,
Régneront dans chaque ménage
L'amour, le bonheur et la paix!

LE CHŒUR.
Le diable n'est plus au village, etc.

JENNY BELL

OPÉRA-COMIQUE EN TROIS ACTES

MUSIQUE DE D.-F.-E. AUBER.

Théatre de l'Opéra-Comique. — 2 Juin 1855.

PERSONNAGES.	ACTEURS.
LE DUC DE GREENWICH, membre du cabinet................	MM. Faure.
LORD MORTIMER, son fils.....	Ricquier-Delaunay.
GEORGE LESLIE, son ami......	Couderc.
DODSON, orfévre de la cité.......	Sainte-Foy.
UN DOMESTIQUE............	Lejeune.
JENNY BELL, cantatrice à Covent-Garden................	Mmes Caroline Duprez.
HENRIETTE, jeune fille au service de Jenny Bell...............	Boulart.

Seigneurs et Dames de la cour. — Acteurs, Actrices, Hommes et Femmes des chœurs de Covent-Garden. — Aldermen. — Domestiques.

A Covent-Garden, dans la loge de Jenny Bell, au premier acte. — Dans une maison de campagne, au bord de la Tamise, au deuxième acte. — Dans une des salles de Guild-Hall, au troisième acte.

JENNY BELL

ACTE PREMIER

Un salon élégant où s'habille Jenny Bell. — Porte au fond qui conduit à l'extérieur. A gauche du spectateur, une porte donnant sur le théâtre ; à droite, l'entrée d'un cabinet de toilette ; un canapé, des fauteuils, une toilette avec glace.

SCÈNE PREMIÈRE.

HENRIETTE.

La toilette de mademoiselle est prête... et quand elle sortira de scène... je serai là... à mon poste... (Soupirant.) Quel honneur d'être prima donna à Covent-Garden !... Tous les jours nouvelles toilettes !... C'est là ce que j'aimerais dans le théâtre... L'on a une loge... ou plutôt un salon... avec des belles glaces pour se regarder, et puis au lieu de s'habiller toute seule... ce qui est ennuyeux, on a toujours là des beaux messieurs... qui vous entourent... et qui s'écrient : Divine !... enchanteresse !... Ça n'est pas difficile avec des parures, du rouge et des mouches... Si pendant que je suis seule... je m'en mettais une... rien qu'une petite... pour voir...

COUPLETS.

Premier couplet.

Au théâtre le secret
    Par qui l'on plaît,
C'est du rose et puis du blanc;
    Mettons-nous-en,
Et donnons-nous des appas
Pendant qu'on ne nous voit pas!

Bien qu'on doive à la nature
Beaux yeux, gentille tournure,
Des attraits piquants et vrais...
Un peu d'art ne nuit jamais!
On doit, quoique blanche et rose,
Plaire encor plus, je suppose...
    (Montrant le rouge et les mouches.)
Lorsqu'on joint ces attraits-là
A ceux qu'on avait déjà!

Au théâtre le secret, etc.

Deuxième couplet.

Quoiqu'on règne en souveraine,
Que l'on compte, à la douzaine,
Des amoureux sur ses pas...
Excès de bien ne nuit pas!
D'autres s'y laisseront prendre...
Et la liste va s'étendre
Si l'on joint ces amants-là
A ceux qu'on avait déjà!

Au théâtre le secret, etc.
(Se retournant vivement.)
Qui vient là? On n'entre pas!

SCÈNE II.

HENRIETTE, WILLIAM.

HENRIETTE, à part.

Ah! c'est monsieur William... un jeune compositeur que je protége... Entrez, monsieur.

WILLIAM, entrant vivement et regardant avec émotion.

C'est ici la loge de Jenny Bell?...

HENRIETTE.

Je vous avais promis une bonne réponse! J'ai remis votre lettre à mademoiselle, qui a dit : William Carneguy, compositeur... je ne connais pas!

WILLIAM.

Je le crois bien! Je n'ai encore rien donné! et c'est un opéra de moi que je voudrais lui soumettre... (Henriette tend la main.) à elle-même!...

HENRIETTE.

Pas dans ce moment! Le premier acte est commencé, et nous sommes en scène.

WILLIAM, avec chagrin.

Ainsi, je ne pourrai pas encore voir Jenny Bell... ni lui parler?...

HENRIETTE.

Rassurez-vous... nous jouons ce soir le bel opéra du *Corsaire*... où nous sommes enlevées et défrisées au finale... et pendant que je recoifferai mademoiselle dans l'entr'acte, vous pourrez lui parler.

WILLIAM.

Je vous remercie, je vais l'attendre.

HENRIETTE, toujours devant la glace et se mettant du rouge.

Vous et votre musique?... Ah! dame!... des compositeurs, nous n'en manquons guère... pas plus que des amoureux.

WILLIAM, avec émotion.

En vérité !...

HENRIETTE.

Mais, de ce côté-là, mademoiselle... n'écoute personne... Elle ne pense qu'à des roulades et à des points d'orgue, et sa porte, fermée aux grands seigneurs, ne s'ouvre que pour les artistes.

WILLIAM.

Je le sais !

HENRIETTE.

Aussi... les billets doux... et les déclarations pleuvent là dans ma poche. (Montrant la poche gauche de son tablier.) Voici la provision d'aujourd'hui.

WILLIAM, se levant.

Est-il possible !...

HENRIETTE, montrant sa poche droite.

Et les pièces d'or...

WILLIAM, avec indignation.

Vous les recevez ?

HENRIETTE.

Dame !...

WILLIAM, de même.

Pour remettre ces billets ?

HENRIETTE, vivement.

Du tout !... Je suis une honnête fille, je garde tout et je ne remets rien !... d'autant que mademoiselle ne les lirait pas ! (Tirant le tiroir du milieu de la toilette et y mettant les lettres qui sont dans sa poche.) Voilà la collection de la semaine dernière, intacte et sous clef.

WILLIAM.

A la bonne heure !... Je savais que Jenny Bell... la cantatrice à la mode, la merveille de Londres... joignait à un talent admirable... une vertu rigide et sévère.

HENRIETTE, avec un soupir.

Eh! mon Dieu... oui... Ça lui fait du tort... je le sais bien... mais que voulez-vous?... Elle est comme ça!... Pendant toute la semaine, elle étudie le matin, elle joue le soir... et le dimanche seulement elle va se reposer au bord de la Tamise, à une jolie petite campagne qu'elle a achetée... sur ses appointements.

WILLIAM.

Et son père?... sa famille?...

HENRIETTE.

Son père... elle ne l'a jamais connu... Sa famille, elle n'en a pas... Elle est seule, complétement seule... Elle n'a que moi... orpheline comme elle et ci-devant couturière... C'est moi qui lui ai fait à crédit sa première robe... et par reconnaissance, et puis comme elle disait, pour m'arracher aux séductions... (Avec volubilité.) Car dans la couture, monsieur, la défense est si difficultueuse... C'est pis qu'au théâtre... (S'arrêtant.) Ah!... où en étais-je?... que Jenny m'a prise près d'elle comme demoiselle de compagnie... et comme femme de chambre. Elle veut même m'établir, me marier à un riche marchand mercier qui m'adore.

WILLIAM, distrait.

Je le crois sans peine...

HENRIETTE.

Thomas... Goffin... pauvre garçon; mais moi... je ne l'aime pas, parce que, voyez-vous, monsieur William... on est artiste ou on ne l'est pas!... C'est d'instinct... et depuis que je vois les succès de mademoiselle, qui autrefois n'était rien... le même état que moi... je ne rêve plus que le théâtre... Je suis comme vous. Je veux débuter et me faire connaître... Voilà pourquoi je vous protége...

WILLIAM.

Vous êtes bien bonne...

HENRIETTE.

Parce que vous me ferez un rôle... quand vous m'aurez entendue, c'est trop juste... Je sais par cœur tous les airs de mademoiselle... Je suis toujours là quand elle les répète... et si vous voulez... que je vous en dise un... *Regina adorata...*

WILLIAM.

Pas en ce moment!... (Écoutant.) Votre maîtresse... qui chante... je crois... m'empêcherait de vous entendre.

HENRIETTE.

C'est possible... c'est le finale qui commence.

WILLIAM.

Ce ne sera pas long!

HENRIETTE.

Ah! bien oui!... c'est d'un grand compositeur, qui fait tout grandement... Chaque morceau de lui dure autant qu'un acte chez un autre.

WILLIAM, avec impatience.

Alors... attendons encore... pourvu que dans l'entr'acte il ne vienne personne.

HENRIETTE.

J'empêcherai d'entrer... Ah! mon Dieu... j'oubliais! mademoiselle attend ce soir un orfévre de la cité, le riche monsieur Dodson... J'ignore pourquoi... et puis pour son rôle de la sultane de Lahore, qu'elle doit jouer la semaine prochaine, elle attend un dessin que lui a promis un jeune seigneur très-aimable...

WILLIAM, avec émotion.

Vous disiez qu'elle n'en recevait pas.

HENRIETTE.

Ah! celui-là... c'est différent,.. un charmant officier qui a fait la guerre des Indes... lord George Leslie...

WILLIAM, à part.

O ciel!

HENRIETTE.

Et qui de plus a fait deux successions qu'il a déjà mangées... Or, comme il est ruiné, personne ne croira qu'on le reçoit pour sa fortune.

WILLIAM.

Et c'est lui qui va venir... après le premier acte?

HENRIETTE.

Probablement...

WILLIAM.

Je ne peux pas rester... je m'en vais...

HENRIETTE.

Pourquoi donc? vous parlerez musique devant lui... il n'est pas gênant... et mademoiselle le reçoit sans conséquence.

WILLIAM.

Je ne veux pas le voir.

HENRIETTE.

Et pourquoi?...

WILLIAM.

Pourquoi?... pour des raisons... que seul... je connais... Il m'a prêté de l'argent... que je n'ai pas encore pu lui rendre...

HENRIETTE.

Bah!... il en donne à tout le monde... et n'en demande à personne.

WILLIAM.

Oui.., mais moi! je rougirais à ses yeux.

7.

HENRIETTE, écoutant par le fond.

Je l'entends... il monte l'escalier.

WILLIAM.

Je le rencontrerai... au passage... c'est fait de moi... Ah ! cette porte...

(Montrant celle à gauche.)

HENRIETTE.

Celle qui conduit au théâtre et à la salle. (A la cantonade.) Laissez passer monsieur, je réponds de lui !

WILLIAM.

Merci... Henriette... vous me rendez là un service... que je reconnaîtrai...

HENRIETTE.

En me faisant un rôle.

(William sort par la gauche et George entre par la porte du fond.)

SCÈNE III.

HENRIETTE, GEORGE.

GEORGE.

J'avais bien dit que j'arriverais à l'heure... dussé-je crever mes chevaux.

HENRIETTE.

Et d'où venez-vous, milord ?

GEORGE.

De Black-Whall... où j'ai dîné... avec la plus joyeuse société de Londres... J'ai été d'une gaieté à les étourdir... à les défier tous.

HENRIETTE.

Vous étiez en bonne humeur.

GEORGE.

Je n'ai jamais été plus triste... et je suis sorti de table... désespéré... Ils me croient gris.

HENRIETTE.

Vous... milord!...

GEORGE.

Ce n'est pas ma faute... je n'ai pas pu! et j'accours près de Jenny Bell... il n'y a qu'elle qui puisse m'enivrer... m'ensorceler... et me faire oublier...

HENRIETTE.

Quoi?...

GEORGE.

Rien!... Qu'est-ce que j'ai dit?... le premier acte n'est pas terminé...

HENRIETTE.

Voilà...

GEORGE, *écoutant*.

Oui... j'entends d'ici... les contre-basses... les clairons, les trompettes... tout le mugissement de l'ensemble... c'est le moment que j'aime.

HENRIETTE.

Pourquoi?...

GEORGE.

Parce que ça va finir... Justement!... Jenny... la charmante Jenny... que le barbare corsaire vient d'enlever... et qui rentre toute échevelée...

SCÈNE IV.

Les mêmes; JENNY, entrant et tombant sur une chaise.

JENNY.
Ah! je n'en puis plus!

HENRIETTE, l'enveloppant d'un manteau.
Vous êtes bien fatiguée?

JENNY.
Non!... car ils applaudissaient... Ah! c'est vous, milord... exact au rendez-vous!... merci, et bonsoir... Étiez-vous dans la salle?... elle est splendide... magnifique... étincelante de dentelles et de diamants.

GEORGE.
J'arrive à l'instant.

HENRIETTE.
Et l'entrée de milord a mis en fuite ce pauvre monsieur William, qui, à ce qu'il paraît, lui doit quelques guinées!

GEORGE.
A moi!... (Cherchant.) Monsieur William...

JENNY.
Oui! William Carneguy... un jeune compositeur, que je ne connais pas, mais qu'Henriette m'a recommandé.

HENRIETTE.
Avec raison; il n'est pas sans mérite, mais il est sans argent!

JENNY, souriant.
Et il se sera adressé à vous, milord!

GEORGE.
Un jour où j'en avais! (Riant.) Voilà ce que je ne me rap-

pelle pas... En tous cas, dites-lui que je lui donne quittance totale.

HENRIETTE.

Il reviendra ce soir... avant la fin du spectacle!

JENNY.

Tant mieux! il doit me faire entendre quelques morceaux de son opéra... le premier qu'il ait composé.

GEORGE, souriant.

Ce sera peut-être mauvais!

JENNY.

Ce sera peut-être bon!... et je me suis promis... tant qu'il serait en mon pouvoir du moins, de tendre la main au talent et au malheur!

GEORGE.

Par amour des arts?

HENRIETTE.

Par générosité?

JENNY.

Non! par reconnaissance... c'est une dette que j'acquitte!

GEORGE.

Et que vous ne nous avez jamais racontée...

JENNY.

C'est un drame comme un autre... (A Henriette.) Ah! tu me tires les cheveux... Il y a huit ans à peu près... j'en avais dix alors... j'étais orpheline, et le maître chez qui je travaillais venait de faire faillite... Aussi, depuis deux jours que la fabrique était fermée, je n'avais pas mangé... et j'étais seule, la nuit... au bord de la Tamise.

ROMANCE.

Premier couplet.

Dans la rue, à peine éclairée,
Pâle de honte... j'hésitais...

Enfin... éperdue... éplorée...
D'une voix faible, je chantais :
« Habitants de la grande ville,
« Au pauvre enfant tendez la main!
« Je pleure et je suis sans asile!
« Je meurs de froid! je meurs de faim! »

  Et sans paraître émue,
  La foule s'écoulait,
  Et l'écho de la rue
  Seul au loin répondait!

Deuxième couplet.

Au loin redoublait la tourmente
Et la neige tombait plus fort,
Et ma voix, de froid grelottante,
Au passant murmurait encor :
« Habitants de la grande ville,
« Au pauvre enfant tendez la main!
« Je pleure et je suis sans asile!
« Je meurs de froid! je meurs de faim! »

  Aucun pas dans la rue
  Ne vint plus retentir.
  Et sur terre étendue,
  Je me sentis mourir!

    GEORGE, vivement.

Eh bien? eh bien?...

    JENNY.

Quand je revins à moi, je me trouvais dans un appartement bien chaud, et près de moi un homme d'une quarantaine d'années, des traits que je n'oublierai jamais! une physionomie douce et bonne, et une voix brusque... « Allons, enfant, ce ne sera rien; prends ceci... » Et il me servit lui-même à manger et à boire... C'était lui qui, dans la rue, m'avait ramassée sous ses pieds et emportée dans ses bras... « Quel dommage, morbleu! disait-il en se promenant et en me regardant, de remonter demain sur mon vaisseau... mais ma femme, mais mon fils qu'il faut rejoindre à travers la flotte ennemie!... Allons! allons! dors, petite, demain nous aviserons!... » Le lendemain il me conduisait dans la plus belle pension de Londres, et je l'entends encore dire à la maîtresse : « Madame, je peux être tué, ou du moins ne pas revenir de bien longtemps. Voilà huit années d'avance de pension : qu'on ait bien soin de cette enfant, qu'on l'élève comme une lady, et surtout comme une honnête fille!... » Il me prit alors, me tint embrassée pendant quelques instants... Depuis je ne l'ai plus revu.

GEORGE.

Oh! c'était un brave homme!

JENNY.

Je crois bien! Mais quand le dernier terme de ma pension fut expiré, je me trouvai, comme huit années auparavant, seule au monde, et aussi malheureuse!... plus encore, peut-être! car, avec l'éducation de princesse que j'avais reçue, je ne pouvais me mettre en condition ni travailler comme une ouvrière; bien plus, je me sentais là, au cœur, des sentiments de fierté qui ne me permettaient d'accepter les secours de personne... et, jeune fille, sans appui, où trouver l'indépendance, si ce n'est dans la carrière des arts? vous savez le reste. Les succès, la fortune, ont dépassé mes espérances et ne m'ont laissé qu'un regret, l'absence de mon bienfaiteur; si jamais il s'offrait à moi, il me semble que je le reconnaîtrais, que je m'élancerais dans ses bras; mais si ce bonheur-là ne m'est pas permis, ce qu'il a fait pour moi, je tâcherai de le faire pour d'autres, et c'est ainsi, du moins, que Jenny payera sa dette.

HENRIETTE.

C'est donc pour cela que vous m'avez recueillie?...

JENNY.

Oui!

HENRIETTE.

Que vous voulez m'établir?...

JENNY.

Oui !

HENRIETTE.

Et me faire épouser Thomas Goffin !

JENNY.

Qui t'aime ! et que tu aimeras plus tard; cela viendra ! (Gaiement.) En attendant, achève d'arranger mes cheveux, et fais-moi belle pour le second acte... (A George.) Maintenant, milord, vous avez audience. Parlons des costumes indiens que vous avez bien voulu me dessiner.

(Elle s'assied, et pendant qu'Henriette, debout, la coiffe, George, assis près d'elle, déroule des dessins.)

GEORGE.

Ah! qu'on a raison de vous adorer! Aussi l'on n'a garde d'y manquer. Vous faites fureur dans la ville de Londres... toutes les modes, les robes, les chapeaux sont à la Jenny Bell, et si je vous disais les duels, les paris, les ravages que vous causez parmi tous nos jeunes seigneurs, qui aspirent tous à vous plaire!... à commencer par moi, et qui se disputent tous l'honneur d'escorter votre voiture, à Hyde-Park ou à Kensington !... vous ne les avez pas vus?...

JENNY.

Si, vraiment !

GEORGE.

Et vous n'en avez distingué aucun ?

JENNY.

Je ne regarde pas...

GEORGE.

Mais moi, cependant...

JENNY.

Vous, milord, c'est différent... vous me plaisez beaucoup!... et je ne crains pas de le dire!...

GEORGE.

Tant pis!... car si cela était, vous ne me le diriez pas.

JENNY.

Vous me plaisez, d'abord, parce que vous êtes ruiné, et puis parce que vous êtes sans fatuité, sans prétention, et enfin, la meilleure raison de toutes, c'est que vous ne m'aimez pas.

GEORGE, se récriant.

Quelle idée!

JENNY.

J'en suis sûre!... je le parierais.

GEORGE, avec franchise.

Eh bien, oui, c'est vrai! J'adore la reine de nos salons... la jeune lady Clarence, la fille de lord Oldoborough, un de nos ministres. Mais ces hommes d'État veulent pour gendres des gens de mérite et de talent, qui aient de l'influence au parlement. Moi, je ne suis rien, je ne fais rien, et d'aujourd'hui seulement je maudis mes dissipations, mes folies et ma jeunesse inoccupée.

JENNY.

Courage, alors! il est encore temps.

GEORGE.

Eh non!... il n'est plus temps... il y a un mariage ou plutôt une combinaison ministérielle; on veut faire épouser lady Clarence au fils du duc de Greenwich... un autre ministre... un amiral qui vient d'entrer au conseil.

JENNY.

Et ce fils du duc de Greenwich est un sot?

GEORGE.

Non pas! un ancien camarade à moi! savant, grave et studieux, ne s'occupant que de la politique et des affaires, ce qui ne l'empêchait pas de se battre et très-bien. Nous avons fait ensemble, sous son père, une campagne dans l'Inde... et deux fois par lui, par son sang-froid, j'ai été préservé d'une mort certaine.

JENNY.

En vérité?...

GEORGE.

C'est bien là ce qui me désole; bien plus, car, c'est comme un fait exprès, il a payé mes dettes, il a refusé pour moi une succession qu'un an après j'avais mangée. Enfin, je ne puis, sans me déshonorer, me battre avec lui, ni lui enlever sa fiancée, je dois même à tous les yeux, et aux siens, cacher mon amour pour lady Clarence, qui seule l'a deviné.

JENNY.

Et qui vous aime...

GEORGE.

Que sais-je? peut-être bien! Mais ces jeunes filles du grand monde ne connaissent que le devoir, la famille, les convenances. Si son père ordonne, elle obéira, elle me l'a dit; elle épousera lord Mortimer, qui, après tout, vaut mieux que moi, je suis obligé d'en convenir, et dans mon dépit, dans ma rage, j'ai juré de fuir lady Clarence, de renoncer à elle, de l'oublier; vous seule pouviez opérer ce miracle.

JENNY.

Et vous m'avez aimée...

GEORGE.

Je m'y efforce du moins, et suis le seul qui n'y puisse réussir. Aussi cela devait me faire remarquer de vous comme un être à part, comme un phénomène.

JENNY, lui tendant la main.

Comme un ami!... et si jamais je pouvais vous être utile...

GEORGE.

Vous, Jenny!...

JENNY.

Qui sait?...

(On entend en dehors la cloche et la voix de l'avertisseur.)

L'AVERTISSEUR.

Le second acte va commencer.

JENNY.

Ah! mon Dieu!...

HENRIETTE.

Mademoiselle est prête...

JENNY.

Et vos dessins que nous n'avons pas regardés! En voilà un qui est charmant, celui-là aussi!

HENRIETTE.

Choisissez!...

JENNY.

Je n'en ai pas le temps... je suis de la première scène... je chante mon duo avec le ténor, et je reviens...

HENRIETTE, à part.

Le duo... avec les roulades... je vais écouter!... (Haut.) Porterai-je le manteau de mademoiselle, de peur qu'elle ne s'enrhume?

JENNY, la remerciant.

Comme tu es bonne!

SCÈNE V.

Les mêmes; DODSON, en dehors.

DODSON.

Je vous dis que je viens par son ordre... Monsieur Dodson, premier orfévre-joaillier de Londres...

JENNY, à Henriette.

Monsieur Dodson, c'est juste, qu'il entre! (A George.) Je lui ai fait demander pour la sultane de Lahore des échantillons de diamants... de diamants faux... nous choisirons ceux qui vont le mieux avec le costume.

DODSON, entrant.

Que mes deux laquais m'attendent dans l'antichambre, et mon coureur au haut de l'escalier.

HENRIETTE.

Entrez, monsieur.

(Dodson, se retournant vivement, salue Henriette sans la regarder, puis, s'apercevant de sa méprise, il salue Jenny.)

JENNY, à Dodson.

Et vous avez pris la peine de venir vous-même? Je suis à vous dans un instant, mon cher monsieur Dodson.

(Elle sort par la porte à gauche avec Henriette.)

SCÈNE VI.

DODSON, GEORGE.

DODSON.

Mon cher monsieur Dodson, a-t-elle dit... (Avec ravissement.) Je l'ai vue, je lui ai parlé! mes confrères de la Cité en mourront de dépit. (Apercevant George.) J'ai l'honneur de présenter mes respects à lord George Leslie.

GEORGE.

Une de vos pratiques.

DODSON.

Un de mes clients les plus distingués.

GEORGE.

Qui vous doit, je crois, deux ou trois mille guinées, dont j'attends toujours la note.

DODSON.

Pour qui me prenez-vous? Je ne demande d'argent qu'aux bourgeois, jamais aux personnes de qualité; il n'y a que cela qui me réhabilite à mes propres yeux. Je suis déjà assez malheureux d'être né orfévre, ce n'est pas ma faute, c'est celle de mon père.

GEORGE.

Qui vous a laissé des millions.

DODSON.

Que je tâche d'anoblir, en les rapprochant des gens comme il faut. J'ai voulu acheter le titre de baronnet, vous le savez, et puis un domaine seigneurial, qui donnait entrée au parlement. Sa Majesté n'a pas voulu.

GEORGE.

Elle a eu raison. Il vaut mieux être le premier des joailliers que le dernier des baronnets, et le crédit, la réputation dont vous jouissez...

DODSON.

Ne me suffisent pas; je suis à l'étroit dans mes magasins, quelque vastes qu'ils soient, je n'y respire pas, j'y étouffe d'ambition.

GEORGE.

D'ambition rentrée.

DODSON.

Vous l'avez dit, je veux qu'on parle de moi au dehors,

que mon nom soit dans les journaux, je paierai ce qu'il faudra. Dès qu'il s'agit de renommée, on ne regarde pas à la dépense!

GEORGE.

Je comprends bien! mais pour qu'ils parlent de vous, encore faut-il leur fournir un motif?

DODSON.

C'est justement ce qu'ils disent tous, et j'ai pensé, vu que je n'ai pas quarante ans, vu que j'ai la taille belle et la jambe fine, j'ai pensé que si je faisais, comme nos jeunes lords, quelque folie, quelque extravagance pour une personne de théâtre, danseuse ou cantatrice célèbre dans le beau monde!...

GEORGE.

Vous voulez faire quelque passion?

DODSON.

J'aimerais mieux l'acheter toute faite, je donnerai ce qu'il faudra, parce que dès qu'il s'agit d'être aimé...

GEORGE.

On ne regarde pas à la dépense.

DODSON.

Précisément! et j'avais une idée.

GEORGE.

Ah! bah!

DODSON.

C'était de m'adresser sur-le-champ à ce qu'il y avait de mieux... (En confidence.) A Jenny Bell...

GEORGE, riant.

Vous!... monsieur Dodson!... et vos moyens de succès?

DODSON.

Je les ai là! J'ai imaginé, je crois, quelque chose d'ingénieux, de galant... de fermier général... comme ils disent en France... Elle m'avait fait demander quelques échantillons de diamants faux pour jouer prochainement... je ne sais quel rôle...

GEORGE.

La sultane de Lahore.

DODSON.

Je lui en apporte là... de véritables!... et quand elle me demandera le mémoire, je lui dirai : Mon ange!... (ou tout autre mot approprié à la circonstance), mon ange... c'est acquitté, acquitté... si vous le voulez!... C'est délicat... n'est-ce pas? c'est un procédé...

GEORGE.

A vous faire jeter par les fenêtres!

DODSON, riant.

Moi!...

GEORGE.

J'en suis certain d'avance.

DODSON, de même.

Laissez donc!

GEORGE.

Vous ne voulez pas me croire?

DODSON.

Jamais! l'insolence m'a toujours réussi!

COUPLETS.

Premier couplet.

D'esprit et d'éloquence
Bien loin d'être un flambeau,
J'ai fort peu de science...
Et je ne suis pas beau!
Mais quand, près d'une femme,
On mêle avec transport
Les mots *délire, flamme,*

Bijoux et *coffre-fort...*
(Mouvement de valse.)
La vertu qui s'alarme,
D'abord,
Un instant se gendarme
Encor;
Et puis, plus pacifique,
S'endort
Au son doux et magique
De l'or!

Deuxième couplet.

Pour peu qu'il ait d'audace
Et sache son métier,
C'est un vrai Lovelace
Qu'un galant bijoutier!
Aussi, moi, j'ensorcelle
Et je plais sans effort...
La clef des cœurs est celle,
Celle du coffre-fort!

La vertu qui s'alarme, etc.

DUO.

GEORGE.

Honneur donc au galant orfévre!
Au plus heureux des conquérants!

DODSON.

De l'amour la brûlante fièvre
S'allume au feu des diamants!

GEORGE.

A Jenny vous croyez donc plaire?

DODSON, avec fatuité.

J'en ai quelque pressentiment!

GEORGE.

Et moi, je pense le contraire!

DODSON.

Ah! vous croyez!

GEORGE.

Eh! oui, vraiment!

DODSON.

Eh bien!... gageons?

GEORGE.

Je le veux bien!

(A part.)
Ah! les sots ne doutent de rien!

DODSON.

Gageons, gageons?

GEORGE.

Je le veux bien!

Ensemble.

DODSON.

L'on me défie :
Soit! je parie,
Et sans folie,
Je puis compter
Que la richesse
Sur la tendresse
Et la jeunesse
Doit l'emporter!
Bon gré, malgré,
Je séduirai
Et je plairai,
Je l'ai juré!

GEORGE.

Quelle folie!
Mais je parie
Et vous défie!
J'ose attester
Que la tendresse

Ou la jeunesse
Sur la richesse
Doit l'emporter!
(A part.)
Bel adoré,
Il est timbré!
Je gagnerai,
Je l'ai juré!

DODSON.

Près de Plutus, mes chances fortunées...

GEORGE.

Près des amours auront moins de crédit!

DODSON.

Que gageons-nous?

GEORGE.

Les deux mille guinées

Que je vous dois!

DODSON.

Quitte ou double!... c'est dit!

GEORGE et DODSON.

C'est dit! c'est dit!

Ensemble.

DODSON.

Oui, je parie, etc.

GEORGE.

Oui, je parie, etc.

SCÈNE VII.

DODSON, GEORGE, JENNY, rentrant avec HENRIETTE.

HENRIETTE.

Ah! c'était superbe!... aussi quel succès... il n'y a que les cadences de la fin... que je ne pourrai jamais faire...

JENNY.

Pardon, messieurs, de vous avoir fait attendre.

HENRIETTE.

Nous ne pouvions pas aller plus vite... la mesure était là! (Chantant.) *O ben mio! mio tesoro!*

JENNY.

Henriette! si tu t'occupais de mon changement?

HENRIETTE.

C'est juste!... l'esclave devient une princesse.

(Pendant cette scène, Henriette va et vient.)

GEORGE, regardant le bouquet que Jenny tient à la main.

Ah! le beau bouquet de violettes!...

JENNY.

Il vous intéressera peut-être plus que vous ne croyez.

GEORGE.

Moi!...

JENNY.

Je vous dirai cela tout à l'heure, à vous seul!... Occupons-nous d'abord de monsieur Dodson, dont les moments sont précieux et qui a pris la peine de m'apporter lui-même ces diamants.

DODSON, troublé.

Dans ce cas-là, miss Jenny, la peine est un plaisir et le plaisir un honneur. (Se remettant.) Voici, du reste, l'échantillon demandé.

JENNY, ouvrant l'écrin.

Ah!... je ne m'y connais pas... mais cela me paraît imité avec un art merveilleux! Regardez donc, milord, quel éclat!

DODSON, bas à George.

Je le crois bien!

GEORGE, admirant.

C'est superbe!

JENNY.

Pour des diamants faux...

HENRIETTE, s'approchant.

En voilà un dans le coin... un petit qui brille...

JENNY.

Il te plaît?

HENRIETTE.

Et beaucoup! moi qui n'en ai jamais eu.

JENNY, le prenant et le lui donnant.

Je te le donne!

HENRIETTE.

A moi!

DODSON, vivement.

A elle?... permettez...

HENRIETTE, à Dodson.

Qu'est-ce que cela peut coûter?

DODSON, avec embarras.

Oh! rien! presque rien! (Bas à George.) Cinquante guinées.

GEORGE, riant.

Ah! ah!... c'est charmant... c'est divin...

JENNY.

De qui riez-vous donc?

GEORGE.

D'Henriette... qui croit peut-être que c'est véritable...

DODSON, à Henriette, voulant lui reprendre le diamant.

Et ça ne l'est pas...

HENRIETTE.

Ça m'est égal! ça me vient de mademoiselle, et je le garde!

GEORGE, riant plus fort.

Ah! ah!...

JENNY.

Monsieur Dodson...

DODSON, s'approchant.

Miss Jenny...

JENNY, regardant l'écrin.

Ces échantillons de strass me paraissent très-convenables... voyez ce qu'il en faudrait pour garnir le diadème et la ceinture.

DODSON, étonné.

Ah!... tout un diadème... toute une ceinture...

GEORGE, à demi-voix.

Vous voilà engagé... vous ne pouvez plus reculer.

JENNY.

Et puis... pendant que nous y sommes, il me semble qu'on pourrait choisir des diamants plus gros... plus voyants... dès qu'on prend du faux...

GEORGE.

On n'en saurait trop prendre... cela coûte si peu à monsieur Dodson...

DODSON.

Comme vous dites... milord... (A demi-voix.) Mais tout cela se paiera.

GEORGE, de même.

C'est ce que nous verrons.

DODSON, de même.

Nous verrons.

JENNY.

Qu'est-ce?

GEORGE.

Rien... il m'explique le secret de cette composition... qui ne réussit pas toujours.

JENNY.

Adieu, monsieur Dodson! (A Henriette.) Henriette, éclairez monsieur Dodson.

(Dodson sort par le fond, précédé par Henriette qui tient un flambeau.)

8.

SCÈNE VIII.

JENNY, GEORGE.

GEORGE.

Eh bien !... qu'avez-vous à m'apprendre ?

JENNY.

De bonnes nouvelles... D'abord, j'ai aperçu du théâtre, à l'avant-scène des premières, une jeune et jolie personne qui attirait tous les regards... j'ai demandé son nom... la fille d'un de nos ministres, lady Clarence.

GEORGE, vivement.

Charmante... n'est-ce pas ?

JENNY.

Oui... car elle m'applaudissait beaucoup, et malgré l'éclat de ses charmes et de sa parure... il était aisé de lire sur ses traits un air de tristesse...

GEORGE, avec joie.

Quel bonheur !... vous en êtes sûre ?

JENNY.

Attendez !... En ce moment et par l'ordre du corsaire on amenait enchaîné le héros de la pièce... George Winter... un héros qui porte votre nom... Alors redoublant d'expression... aussi jamais, je crois, je n'ai chanté ce passage-là comme ce soir... je me suis écriée avec désespoir, avec passion... « George ! George ! ton amour est ma vie »... (Voyant le geste de George et souriant vivement.) Ce n'était pas vrai, monsieur, c'était de la comédie... mais pas pour lady Clarence, à ce qu'il paraît, car j'observais son trouble, son émotion... dont moi seule dans la salle avais le secret... et chaque fois que je répétais ce vers... (car nous répétons beaucoup en musique)... je la voyais pâle et tremblante... des larmes coulaient le long de ses belles joues... et au moment où la salle entière retentissait d'applaudissements, (Gaiement.) ça... c'était pour moi, monsieur, lady Clarence, portant d'une main son mouchoir à ses yeux... m'a jeté de l'autre ce bouquet de violettes... qui n'était pas, je crois, à mon intention, mais à la vôtre, milord, c'est pour cela que je vous le rapporte.

GEORGE, s'emparant du bouquet, qu'il couvre de baisers.

Ah! divine... adorable Jenny! Vous dites la loge des premières de l'avant-scène...

JENNY, le rappelant.

Vous reviendrez avant la fin du spectacle... nous avons à parler costume.

GEORGE.

Certainement. Je cours me placer vis-à-vis d'elle.

JENNY.

Vous qui ne deviez plus la voir!

GEORGE.

C'est égal!

JENNY.

Vous qui vouliez l'oublier!

GEORGE.

Pas aujourd'hui!

JENNY.

Et quand commencerez-vous?

GEORGE.

Jamais!

(Il s'élance par la porte à gauche.)

SCÈNE IX.

JENNY, HENRIETTE, venant du fond.

JENNY, regardant George qui s'éloigne.

Ah! je comprends que l'on soit touchée d'un pareil amour... d'un amour véritable... (Avec dédain.) Mais les autres... (A Henriette.) Ah! viens vite m'habiller.

HENRIETTE.

Mademoiselle a un grand quart d'heure avant de rentrer en scène... Il y a dans l'antichambre un domestique poudré et galonné qui demande si mademoiselle voudrait recevoir son maître.

JENNY.

Quel est-il?

HENRIETTE.

Voici sa carte.

JENNY, lisant.

« Milord, duc de Greenwich... » (A Henriette.) Qu'il entre.

(Henriette sort.)

JENNY, étonnée.

Le nouveau ministre dont George nous parlait tout à l'heure! Que peut-il me vouloir... à moi?...

SCÈNE X.

JENNY, LE DUC, HENRIETTE.

HENRIETTE, annonçant.

Sa seigneurie, milord, duc de Greenwich!
(Elle sort. — Le duc entre et salue respectueusement Jenny, qui lui fait une profonde révérence, puis lève les yeux et pousse un cri.)

DUO.

JENNY, *s'adressant au duc, qu'elle regarde avec émotion.*

Quoi, milord!...

    LE DUC, *étonné.*
  Qu'est-ce donc?

    JENNY.
      Avez-vous oublié...

Cette nuit...

    LE DUC, *avec trouble.*
  Que dit-elle?...

    JENNY.
     Où par vous... par pitié...

Un enfant...

    LE DUC, *rappelant ses idées.*
  Expirant...

    JENNY.
    Et de faim et de froid!...

    LE DUC, *de même.*

Fut sauvé!

    JENNY.
  Le voici!...

    LE DUC, *avec étonnement.*
    C'était vous!...

      (Avec tendresse.)
    C'était toi!...
    (Jenny se jette dans ses bras.)

  Ensemble.

  (Avec explosion.)

    JENNY.

Ah! le ciel tutélaire
A comblé mon espoir!
Mon sauveur et mon père,
Je peux donc vous revoir!

LE DUC.

Ah! le ciel tutélaire
A comblé mon espoir!
Toi, qui me fus si chère,
Je puis donc te revoir!

JENNY.

C'est bien moi! regardez!... moi qui suis dans vos bras!

LE DUC, la regardant.

Et morbleu, bien changée!

JENNY.

Ah! mon cœur ne l'est pas!
Je vous ai reconnu sur-le-champ... car vos traits
Sont restés-là... gravés ainsi que vos bienfaits!

Ensemble.

JENNY.

Ah! le ciel tutélaire, etc.

LE DUC.

Ah! le ciel tutélaire, etc.

LE DUC, la regardant toujours.

Je crains de m'abuser encore!
Quoi! c'est là Jenny Bell?... celle dont Londre adore
La grâce et le talent!

JENNY.

Talent qu'elle vous doit!

LE DUC.

Et bien plus redoutable encor que l'on ne croit...
Sans te connaître, à toi, Jenny la cantatrice,
Je venais, en tremblant, demander un service.

JENNY, avec joie.

Ah! quel plaisir!... ah! quel bonheur!
Que puis-je faire, moi... pour vous, mon bienfaiteur?

CAVATINE.

Ah! de la fauvette
Que n'ai-je, pauvrette,

Pour payer ma dette,
Les brillants accents!
A vous, ma science!
Parlez?... et d'avance
La reconnaissance
Guidera mes chants!

Chez vous, dans votre hôtel, vous faut-il un concert?
Pour charmer les loisirs d'une noble assemblée,
   Désirez-vous une cantate?... un air
Langoureux et plaintif, ou belliqueux et fier?
Aimez-vous la cadence ou brisée, ou perlée?
   Préférez-vous, en leur rhythme joyeux,
     Les boléros, les sérénades?
Ou bien la vocalise, aux traits audacieux,
Qui s'élève et descend en brillantes roulades?
Commandez, monseigneur!... on fera de son mieux!
     Ah! ah! ah! ah! ah!

Ensemble.

JENNY.

Ah! de la fauvette
Que n'ai-je, pauvrette,
Pour payer ma dette,
Les brillants accents!
A vous, ma science!
Parlez, et d'avance
La reconnaissance,
Guidera mes chants!

LE DUC.

Oui, de la fauvette
Brillante interprète,
Oui, sa voix coquette
Redit les accents!
O douce éloquence!
Je sens que d'avance
La reconnaissance
A dicté ses chants.

LE DUC.

Merci, Jenny, des trésors que vous m'offrez; mais ce n'est pas là ce que je venais vous demander.

JENNY.

Eh! quoi donc, mon Dieu?

LE DUC.

Une grâce d'où dépend ma vie et mon bonheur!

JENNY, l'invitant à s'asseoir près d'elle, sur le canapé à droite.

Ah! parlez, milord! parlez! je vous en supplie!

LE DUC.

Depuis huit ans, commandant de nos flottes ou gouverneur de nos colonies, j'habitais les mers de l'Inde ou de la Chine, lorsque, par une combinaison ministérielle, trop longue à vous expliquer, j'ai été rappelé à Londres pour faire partie du nouveau cabinet. C'est dans un but politique que le roi désire vivement marier mon fils, lord Mortimer...

JENNY.

A lady Clarence Oldoborough, fille de votre nouveau collègue.

LE DUC, fronçant le sourcil.

Ah! vous savez cela?... Vous savez alors ce qui arrive?...

JENNY.

Non, milord!

LE DUC.

En vérité?

JENNY.

Je vous l'atteste.

LE DUC, froidement.

Je vais vous l'apprendre!... Depuis deux ans j'avais envoyé mon fils à Londres, pour l'initier et le former à nos débats parlementaires; car ses talents, plus encore que son nom et sa naissance, doivent, malgré sa jeunesse, l'appeler prochainement aux affaires; tout me le garantit, la promesse formelle de Sa Majesté et notre alliance avec d'Oldoborough. Jugez donc de mon étonnement lorsque hier il m'a prié de suspendre ou d'éloigner indéfiniment ce mariage, attendu que lady Clarence méritait, par sa beauté et ses vertus, un amour qu'il ne pouvait lui donner.

JENNY.

Est-il possible!... Et pourquoi donc?...

LE DUC, se levant et la regardant.

Vous me demandez pourquoi? (Jenny se lève aussi.) Parce que mon fils, à qui la politique n'a pas fait négliger l'étude des arts, (Souriant.) et qui est même assez bon musicien, amateur s'entend!... mon fils va, depuis deux mois, tous les soirs à l'Opéra... et que là, il a entendu une jeune débutante dont chacun vantait les talents et la vertu! Beauté qu'il a d'abord admirée, comme tout le monde, et qu'il a fini par adorer comme un insensé... et cette sirène si séduisante, si dangereuse, que je ne connaissais pas et qu'il m'a nommée, sous le sceau du secret, c'est Jenny Bell!

JENNY, se récriant.

Moi! ce n'est pas possible!... je n'ai jamais vu lord Mortimer et ne lui ai jamais parlé.

LE DUC, vivement et avec joie.

Cela m'étonne... car je sais qu'il s'est présenté chez vous.

JENNY, souriant.

Je ne dis pas non! mais probablement je ne l'aurai pas reçu!

LE DUC.

Il vous a écrit plusieurs fois.

JENNY.

Ses lettres, alors, seront, comme beaucoup d'autres, restées sans réponse... C'est pour cela que j'ai peine à comprendre ce caprice... cette fantaisie...

SCRIBE. — Œuvres complètes.   IVme Série. — 17me Vol. — 9

LE DUC.

Non pas fantaisie!... mais folie véritable! C'est son premier amour! son premier rêve! Rien n'est terrible comme un sage qui commence à déraisonner! et cela se conçoit! la passion qui s'empare d'un homme sérieux devient sérieuse!... elle prend sur-le-champ le caractère d'importance et de gravité qu'il donne à toute chose!... il y a danger!

JENNY, souriant.

Allons donc!...

LE DUC.

Danger réel, je vous le répète! Aussi je venais avec crainte, et je viens maintenant avec confiance, Jenny, vous supplier de ne pas voir lord Mortimer, ou du moins de ne jamais le recevoir chez vous.

JENNY.

Je vous le jure, milord, je le jure sur l'honneur et la reconnaissance...

LE DUC, lui prenant la main.

Merci, mon enfant! merci! me voilà rassuré! quelque violent que soit un incendie, il s'éteint bientôt faute d'aliment! Je ne crois pas aux passions sans espérances, et je compte, pour guérir Mortimer, sur le temps et l'éloignement.

JENNY, souriant.

Très-bien!... il y a justement en ce moment un congé que je sollicite...

LE DUC.

Nous l'obtiendrons.

JENNY.

Mais jusque-là... l'exil du fils s'étendra-t-il sur le père? ne vous verrai-je plus, milord?...

LE DUC.

Tous les jours, si j'en croyais mon cœur!

JENNY.

Pourquoi pas? Vous avez tant de dettes à acquitter!... vous me devez huit ans d'absence!

LE DUC.

Ah! Jenny... tu es... (Se reprenant.) non!... vous êtes charmante!

JENNY.

Vous disiez mieux d'abord! vous parliez comme un père à son enfant!

LE DUC.

Je craindrais de la compromettre!

JENNY.

Eh bien... entre nous! quand nous serons seuls!

LE DUC.

Oui, ma fille!... oui, mon enfant!... Mais tu plaides sans le vouloir la cause de Mortimer, car plus je te vois, plus je t'écoute... et moins je me sens la force... d'être en colère contre lui!

JENNY, sévèrement.

Il le faut cependant! je vous y aiderai au besoin! Mais ce n'est plus de lui... c'est de moi qu'il s'agit!... j'ai tant de choses à vous raconter!

SCÈNE XI.

Les mêmes; HENRIETTE, accourant par la porte à gauche.

HENRIETTE.

Madame! madame! voici bientôt votre entrée.

JENNY.

Déjà!... (Au duc.) Quand vous reverrai-je, milord?... Si j'osais vous dire... que demain je passerai ma journée à une petite campagne que j'ai au bord de la Tamise...

LE DUC, vivement.

J'irai!

JENNY.

Malgré vos occupations... que de bonté! Une demi-heure seulement!

LE DUC, de même.

Toute la soirée!

HENRIETTE.

Et monsieur William Carneguy, qui est là dans l'antichambre...

JENNY.

Ce jeune compositeur?

HENRIETTE.

Voilà deux fois qu'il vient ce soir...

JENNY, avec impatience.

Que veux-tu?... impossible de lui donner audience en ce moment... (Avec bonté.) Mais dis-lui que demain dimanche, s'il veut venir me trouver à la campagne, sur les une heure, nous étudierons ensemble tous les morceaux de son opéra.

HENRIETTE.

Oui, madame!

JENNY, bas, au duc.

Et de plus, milord, s'il a du talent, je le recommanderai à votre protection.

LE DUC.

D'avance elle lui est acquise.

HENRIETTE, à Jenny.

Mais, madame, vous manquerez votre entrée! voici le moment de paraître.

JENNY, au duc.

Quel malheur!

######## LE DUC.

Pas pour ceux qui vont vous entendre... Je vais essayer de me placer dans la salle...

######## JENNY, avec joie.

Vrai?... Ah! je vais tâcher d'être belle et de bien chanter, pour vous, milord, pour vous! et vous me direz demain si vous êtes content de moi! (Au duc qui lui offre son bras.) Quoi!... votre grâce daigne m'offrir son bras jusqu'au théâtre. Et si l'on vous voyait!... vous, milord!... un ministre!...

######## LE DUC, souriant.

L'honneur serait pour moi!... (Causant en sortant avec Jenny qui s'appuie sur son bras.) A vous désormais, mon enfant, à vous à la vie et à la mort!

(Ils sortent tous deux par la porte à gauche.)

SCÈNE XII.

HENRIETTE, puis WILLIAM.

######## HENRIETTE, à part.

A vous, à la vie et à la mort!... un ministre... (Avec un soupir.) Ah! décidément je n'épouserai pas Thomas Goffin. Ah!... et monsieur William que j'oubliais. (Allant à la porte du fond.) Venez, monsieur, venez et félicitez-vous d'être protégé par moi! A peine auriez-vous eu le temps, ce soir, de parler à Jenny Bell, et nous vous attendrons demain à une heure à notre campagne!

######## WILLIAM.

Est-il possible!...

######## HENRIETTE.

Pour y étudier avec vous tous les morceaux de votre opéra.

WILLIAM.

Ah! je pourrai donc de près la voir et l'entendre!

HENRIETTE.

Eh non! c'est elle qui vous entendra.

WILLIAM, vivement.

C'est juste! c'est ce que je voulais dire. (S'approchant de la porte à gauche, qui est restée ouverte.) N'est-ce pas sa voix?

HENRIETTE.

C'est possible... elle est en scène... Pardon, monsieur... (Elle va et vient dans la loge, mettant tout en ordre sur la toilette ou portant dans le cabinet de toilette à droite différents ajustements.)

WILLIAM, regardant du côté du théâtre.

CAVATINE.

A sa voix, à sa vue,
A ses divins accents,
Une ivresse inconnue
S'empare de mes sens.

Dans mes veines circulent
La flamme et le frisson,
Et les feux qui me brûlent
Égarent ma raison...

A sa voix, à sa vue, etc.
(S'approchant de la porte à gauche et écoutant.)
C'est son dernier morceau, d'ici je puis l'entendre!

HENRIETTE, qui vient de rentrer.

Eh! oui vraiment, c'est son grand air,
Cet air si difficile et que, depuis hier,
En l'écoutant je m'efforce d'apprendre!
(Elle vocalise à droite pendant que William écoute à gauche.)
Ah! ah! ah! ah! ah! ah!
(S'interrompant avec impatience.)
Eh non vaiment! ce n'est pas ça!

Et jamais je ne pourrai rendre
Ce terrible passage-là !
(Essayant.)
Ah ! ah ! ah ! ah ! ah ! ah !
Cette note piquée !... et que ma voix redoute !
(Recommençant.)
Ah ! ah ! ah !...
(Avec satisfaction.)
Cependant je crois que m'y voilà !
(Courant à William.)
Écoutez bien, monsieur !

WILLIAM, avec amour et près de la porte à droite.
Oh oui ! j'écoute !

HENRIETTE.

COUPLETS.

Premier couplet.

Écoutez bien ce passage...
Vous verrez qu'à votre ouvrage
On peut faire quelque honneur...
Monsieur le compositeur !
Mais il faut, avec adresse,
Me placer ce *la bémol*
Où ma voix enchanteresse
Le dispute au rossignol...
Ah ! ah ! ah ! ah ! ah ! ah ! ah !

Deuxième couplet.

Ne donnez à mes rivales
Que des phrases sépulcrales,
Et que couvriront toujours
Le trombone ou les tambours !
Et pour moi, dans le finale
Réservez tous les effets
Qui font partir de la salle
Les bravos et les bouquets !
Ah ! ah ! ah ! ah ! ah ! ah ! ah !

WILLIAM, avec enthousiasme et écoutant près de la porte à gauche.
C'est divin !

HENRIETTE, s'adressant à William.
N'est-ce pas !... quand je vous le disais !

SCÈNE XIII.

WILLIAM, écoutant à gauche ; HENRIETTE, près du divan, à droite ; GEORGE, paraissant à la porte du fond.

TRIO.

GEORGE.
Clarence... c'était toi... plus belle que jamais !
(A Henriette.)
Avant la fin de l'acte, au rendez-vous fidèle,
J'accours !

HENRIETTE.
Très bien !... moi, de mademoiselle
J'apprête la toilette !
(Attirant George à part, et à voix basse.)
Ah ! votre débiteur
Est là !

GEORGE, souriant.
Monsieur William ?

HENRIETTE.
Jeune compositeur !...
L'époux qu'il me faudrait, à moi *prima donna!*

GEORGE, riant et à demi-voix.
Tu l'auras !... je m'en charge !
(Il s'avance vers William, qui regarde toujours vers la porte à gauche.)
O ciel ! que vois-je là ?...

HENRIETTE, se retournant.
Il était donc de votre connaissance ?

GEORGE.

Eh oui !

(A part.)
Lord Mortimer !

MORTIMER, à voix basse.

Silence

Avec eux tous !...

GEORGE, de même.

Je te le jure, ami !

MORTIMER, de même.

Sur l'honneur !

GEORGE, de même.

Sur l'honneur !

MORTIMER, de même.

Surtout avec Jenny !

GEORGE, de même et avec espoir.

Qu'entends-je ?... elle aurait su te plaire ?
Tu l'aimerais ?...

MORTIMER.

Ah ! comme un insensé !

GEORGE, vivement et avec joie.

Bravo !...

MORTIMER.

Tu vas me railler ?

GEORGE, de même.

Au contraire !
Jamais amour ne fut, selon moi, mieux placé !

MORTIMER.

Que dis-tu ?

GEORGE.

Crois-moi bien... crois-moi !...

HENRIETTE, qui pendant ce temps est entrée dans le cabinet à gauche, en est ressortie tenant un peignoir garni de dentelles; elle s'approche de George et lui dit à voix basse.

Que dites-vous ?

GEORGE, à demi-voix.

Je lui parle de toi !

(A voix haute et s'adressant à Mortimer.)

Beauté séduisante,
Maîtresse piquante,
Tout en elle enchante !
Va... cède au désir !
Un dieu secourable
Te rend vulnérable...
La sagesse au diable !
Vive le plaisir !

Ensemble.

MORTIMER.

Beauté séduisante
Chaque jour augmente
L'ardeur enivrante
Dont je dois rougir !
Mais l'amour m'accable,
Et, trop vulnérable,
Je me sens coupable
Sans m'en repentir !

GEORGE.

Beauté séduisante, etc.

HENRIETTE, avec satisfaction et montrant George.

Ah ! comme il me vante !
« Beauté séduisante,
« En moi tout l'enchante ! »
Il veut nous unir !
Mais c'est convenable ;
Un hymen semblable
Me paraît sortable,
Et doit réussir !

GEORGE s'approchant de Mortimer et à demi-voix.
As-tu quelque espoir ?

MORTIMER.
Non !
(Le regardant avec inquiétude.)
Mais en ces lieux toi-même...

GEORGE.
Qui? moi !

MORTIMER.
Pardonne un tel soupçon !

GEORGE.
Il en est une autre que j'aime
Et qui ravit aussi mon cœur et ma raison !

MORTIMER, vivement.
C'est bien ! c'est bien !

GEORGE, gaiement.
Tu m'approuves !... et moi,
Ami de la maison, je parlerai pour toi !

MORTIMER, avec joie.
Merci !

HENRIETTE, s'approchant de George.
Que dites-vous?

GEORGE.
Je lui parle de toi !

Ensemble.

MORTIMER.
Espoir qui m'enchante !
Chaque instant augmente
L'ardeur enivrante
Qui vient me saisir !
Un dieu redoutable
Me charme et m'accable ;

Je me sens coupable
Sans m'en repentir !

GEORGE.

Beauté séduisante,
Maîtresse piquante,
Tout en elle enchante !
Va... cède au désir !
Un amour semblable
N'est jamais coupable.
La sagesse au diable !
Vive le plaisir !

HENRIETTE.

Ah ! comme il me vante ! etc.

MORTIMER, écoutant vers la gauche.

Écoutez donc ! quel est ce bruit ?

GEORGE, écoutant aussi.

Il redouble ! il augmente !

HENRIETTE.

C'est le spectacle qui finit.

GEORGE, écoutant.

Et Jenny Bell triomphante
Que rappelle à grands cris un public enivré !

HENRIETTE, à part.

Ah ! voilà comme je serai !

GEORGE, bas à Mortimer.

Prends garde ! dans la foule autour d'elle... peut-être
Quelqu'un, ainsi que moi, pourrait te reconnaître !
(Il le conduit vers une porte à droite par laquelle Mortimer disparaît au moment où la foule entre de tous côtés.)

SCÈNE XIV.

GEORGE, HENRIETTE, JEUNES SEIGNEURS que George salue, ACTEURS et ACTRICES, CHOEURS d'hommes et de femmes jouant dans la pièce qu'on vient de représenter, et encore en costumes. Plusieurs sont chargés de bouquets qu'ils déposent sur la toilette et sur les meubles ; tous, au moment où elle entre, entourent JENNY BELL, qui, brisée d'émotion et de fatigue, tombe sur une chaise. Henriette l'enveloppe d'une mante.

FINALE.

LE CHOEUR.

Ah! la belle soirée!
C'est divin, c'est charmant !
Pour l'artiste adorée
Quel triomphe éclatant !...
Mais un plus doux suffrage
Vient s'y joindre !... et gaîment
L'amitié rend hommage
A la gloire, au talent !

JENNY.

Merci !... mes bons amis !... merci!
De vos bontés pour moi mon cœur est attendri !

PLUSIEURS ACTEURS et ACTRICES, à gauche du théâtre et entourant Henriette, lui disent à demi-voix.

Mais demain c'est sa fête... et demain nous irons
La surprendre impromptu par nos fleurs, nos chansons.

HENRIETTE, de même, à voix basse.

C'est dit !... je tâcherai qu'elle ne sache rien!
Tout va bien! tout va bien !

Ensemble.

GEORGE.

Ah! la bonne soirée !
C'est divin! c'est charmant !

O maîtresse adorée,
Quel espoir enivrant !
Ton fatal mariage
Peut se rompre à présent !
Oui, courage ! courage !
Le bonheur nous attend !

HENRIETTE.

Ah ! la bonne soirée !
C'est divin, c'est charmant !
Existence dorée
Et triomphe éclatant !
Tout, par ce mariage,
Est possible à présent !
Oui, courage ! courage !
La fortune m'attend !

LE CHŒUR.

Ah ! la belle soirée ! etc.

(Jenny s'est assise devant sa toilette. Henriette commence à défaire sa coiffure. Tous se disposent à sortir par le fond ou par la porte à gauche.)

ACTE DEUXIÈME

La maison de campagne de Jenny Bell au bord de la Tamise. Salon donnant sur des jardins. — Deux portes latérales. A gauche, une table sur laquelle sont une lettre et un écrin. Partout des vases ou des caisses à fleurs.

SCÈNE PREMIÈRE.

GEORGE, seul.

Ah! la jolie campagne !... les jardins d'Armide au bord de la Tamise, et partout des fleurs; aussi mon bouquet aura tort. (Montrant la rose qu'il tient à la main, et qu'il pose sur la table à gauche.) Sans compter que je croyais, avec mes chevaux, arriver le premier, et j'ai vu la cour d'honneur envahie par deux ou trois voitures qu'à leur forme massive, j'ai cru reconnaître pour les carrosses du lord-maire et de nos honorables aldermen! Que diable le lord-maire vient-il faire chez Jenny Bell? (Voyant entrer Dodson.) Eh! monsieur Dodson?

SCÈNE II.

GEORGE, DODSON.

DODSON, à part.

Gracieuse! ravissante! et une dignité!

GEORGE.

Vous ici! mon cher! Serait-ce déjà un galant rendez-vous?

DODSON, avec fatuité.

Pas encore! rendez-vous officiel, voilà tout!

GEORGE.

Et comment cela?

DODSON.

La ville de Londres, représentée par le corps municipal dont je fais partie, a l'honneur de recevoir demain à Guild-Hall Leurs Majestés, et l'on ne savait quel divertissement leur offrir, lorsque j'ai eu une idée!

GEORGE.

Vous croyez!

DODSON.

Jenny Bell ne s'est jamais fait entendre hors du théâtre, et j'ai pensé que si elle chantait demain à Guild-Hall...

GEORGE.

Admirable!

DODSON.

Le difficile était d'obtenir son consentement; j'ai dit au lord-maire et à mes collègues de la Cité que je répondais du succès. Et, en effet, nous sommes arrivés ce matin en députation, je portais la parole, elle ne m'a pas laissé achever...

GEORGE.

C'est une fille d'esprit que Jenny Bell.

DODSON.

N'est-ce pas? Elle a répondu que, et puis que... ça, ça, ça et ça... ses propres paroles, enfin un petit discours charmant, charmant, qu'elle a terminé en nous invitant aujourd'hui, chez elle, à une soirée... un thé qu'elle donne à l'occasion de sa fête; j'ai laissé repartir mes collègues et je suis resté à cause d'une idée...

GEORGE, riant.

Encore une! Vous en avez toujours! votre esprit est comme votre caisse.

DODSON, flatté.

Vraiment...

(Il salue.)

GEORGE.

Lourd!... (Dodson relève la tête.) mais inépuisable!

DODSON, souriant.

Trop aimable! (Avec confidence.) Je veux en secret faire disposer pour ce soir, au fond du jardin, un feu d'artifice.

GEORGE.

Toujours le même système. Vous voulez l'éblouir!

DODSON, riant.

Cela rentre dans mon état! Pour commencer je vais placer là sur ce guéridon les diamants, prétendus faux, que je lui ai promis. (Regardant.) Ah! diable!

GEORGE.

Qu'est-ce donc?

DODSON.

Il y a déjà là un autre écrin!

GEORGE, riant.

Pas possible! vous trouveriez la place prise! c'est original! je suis sûr que ça ne vous est jamais arrivé.

DODSON, avec impatience.

Eh si!... Une lettre que je ne peux pas lire, mais un écrin que l'on peut ouvrir! (L'ouvrant.) De qui ça vient-il?

GEORGE.

Pas de moi, je l'atteste!

DODSON, regardant.

Des diamants superbes ! des vrais ! je m'y connais.

GEORGE.

Pas aussi beaux que les vôtres.

DODSON.

Pour le moins ! et pourtant j'en apportais là pour dix mille guinées.

GEORGE.

Qui, jointes aux deux mille que vous allez me devoir... formeront une première mise de fonds bien aventurée.

DODSON.

Non pas ! quand je devrais employer les grands moyens ! car les obstacles et la concurrence m'animent, et si les rivaux deviennent trop redoutables, moi qui ne cherche que le bruit et l'éclat, je tiens en réserve un moyen victorieux !

GEORGE.

Je commence à trembler !

DODSON.

J'épouse !

GEORGE.

Vous !

DODSON.

C'est à la mode, dans l'aristocratie ! on a vu...

GEORGE.

Des rois épouser des bergères.

DODSON.

Et des lords épouser des danseuses ! et c'est pour le coup que l'on parlerait de moi ! que je verrais mon nom imprimé dans tous les journaux.

GEORGE.

Il n'y a qu'une difficulté, c'est que Jenny refusera.

DODSON.

Le titre de mistress Dodson ?

GEORGE.

Je double mon pari !

DODSON.

Je le tiens !

GEORGE.

Quatre mille guinées !

DODSON.

Je les tiens. Mais j'ai des ordres à donner, ma surprise à préparer. Pardon, milord, et à ce soir. Vous verrez, vous verrez !

(Il sort par le fond.)

SCÈNE III.

GEORGE, puis JENNY, entrant par la droite.

GEORGE, regardant sortir Dodson.

Une gageure devient effrayante avec un homme comme celui-là ! un homme d'argent massif, ça finit toujours par peser dans la balance.

JENNY, apercevant George.

Vous, milord ? Qu'est-ce qui vous amène de Londres de si bonne heure ?

GEORGE, qui a repris sur la table sa rose qu'il tient.

Vous me le demandez !

MADRIGAL.

Premier couplet.

Cette vermeille rose
Vous fait, je le suppose,
Prévoir un madrigal...

Eh bien ! vous jugez mal !
Les poëtes nigauds,
Qui font des madrigaux
Sur les fleurs et les belles,
Sur les roses nouvelles,
Et sur leur doux parfum,
N'ont pas le sens commun.
Pour moi, la rose est fade,
Son parfum est maussade,
Son teint trop éclatant...
Acceptez-la pourtant !
C'est là mon seul espoir ;
Et dût-elle ce soir
Être morte ou fanée,
Heureux celle... ou celui
Qui près de vous, Jenny,
Peut vivre une journée !

Deuxième couplet.

Cette galante phrase
Vous fait, par son emphase,
Craindre un brûlant transport !
Eh bien... vous avez tort !
(Gaiement.)
D'amants audacieux
Les offres et les vœux,
Et l'orgueil en délire,
Je le sais, vous font rire !...
Mais, d'amis francs et vrais
Vous ne riez jamais,
Et cette fleur modeste
(Souriant.)
Est le cadeau... d'Oreste !
Ayez-en donc pitié,
Au nom de l'amitié
Daignez la recevoir !
Et dût-elle ce soir
Être morte ou fanée,
Heureux celle... ou celui

Qui, près de vous, Jenny,
Peut vivre une journée!

JENNY, attachant la rose à sa ceinture.

Merci, milord!

GEORGE.

J'espérais que mon bouquet serait le premier... (Montrant celui qu'elle tient à la main.) Mais celui-ci?

JENNY.

Celui du corps municipal? Cela ne compte pas! J'ai promis de chanter demain à Guild-Hall devant le roi et la reine.

GEORGE.

C'est vous qui leur ferez là un royal cadeau.

JENNY, qui s'est approchée de la table, prend la lettre et pousse un cri.

Ah!...

GEORGE.

Un écrin, je crois...

JENNY.

Peu importe! mais cette lettre. (Elle la porte à ses lèvres.) Vous ne savez pas! c'est de mon bienfaiteur. (La lisant haut.) « Ma fille, mon enfant bien-aimée, reçois à ton réveil « ma première pensée et ce cadeau que seul au monde j'ai « le droit de t'offrir; je compte sur ton affection, sur ta « promesse et sur ta discrétion... » (S'arrêtant et s'adressant à George.) Pardon, milord. (Achevant à part.) « Pour l'honneur « de la famille dont tu fais presque partie, silence avec « tous! » (A George, tout en achevant de lire.) Je voulais vous montrer cette lettre, et tout vous dire, je ne le peux!

GEORGE.

C'est à moi, miss Jenny, à remercier votre amitié et à respecter ses secrets! Mais il y a encore là un autre écrin... c'est comme un rendez-vous... de diamants.

JENNY, s'asseyant près de la table.

Ah! ceux que j'ai commandés hier à M. Dodson! des diamants faux, cela n'a pas de prétention.

GEORGE.

Prenez garde, M. Dodson, n'est pas sans en avoir.

JENNY, riant.

Lui!...

GEORGE.

Et voulez-vous me permettre une seule question, qui vous étonnera, peut-être?

JENNY.

Parlez vite!...

GEORGE.

Êtes-vous bien sûre de n'accorder jamais aucune attention, aucune préférence à M. Dodson?

JENNY, avec indignation.

Y pensez-vous?

GEORGE.

Bien, bien! j'étais sûr de vous mettre en colère, je vous en remercie. (Riant.) Tout me sourit aujourd'hui; vous ne savez pas, le mariage de lady Clarence est retardé indéfiniment.

JENNY.

Qui vous l'a dit?

GEORGE.

Rompu peut-être pour toujours!... (A demi-voix.) J'ai découvert que mon noble rival, lord Mortimer, que j'aime plus que jamais, se souciait peu de sa belle fiancée.

JENNY.

Vraiment!...

GEORGE.

On prétend même qu'il a, au fond du cœur, une passion

délirante, qui le brûle, le consume et lui fera faire toutes les extravagances du monde.

JENNY, avec émotion.

Vous la connaissez?

GEORGE, d'un air indifférent.

Non! ni moi ni personne, mais si j'étais femme, j'avoue que je serais fière et glorieuse d'inspirer un pareil amour à un homme qui a pour lui le rang, la naissance, la jeunesse, la fortune, et, plus encore, le mérite.

JENNY.

Assez! assez!... Si lady Clarence vous entendait faire un pareil éloge de votre rival, ce serait capable...

GEORGE, vivement.

D'éveiller sa tendresse!

JENNY, souriant.

Non... mais peut-être sa curiosité.

GEORGE, avec finesse.

Vous croyez? Parlons alors d'autres choses. J'ai renouvelé hier connaissance avec M. William Carneguy, mon ancien débiteur, jeune musicien plein de talent.

JENNY.

Que j'attends aujourd'hui à une heure.

GEORGE.

C'est ce qu'il m'a raconté.

JENNY.

Il doit me faire entendre son opéra.

GEORGE.

S'il en vient à bout! car il est capable à votre vue de se laisser déconcerter. Rien ne ressemble à un sot comme un homme de talent qui est timide... aussi je vous prie, sinon pour lui, du moins pour moi, d'être bonne à l'égard de mon protégé, car je le protége.

JENNY, faisant la révérence.

On aura égard, milord, à votre recommandation !

SCÈNE IV.

Les mêmes ; HENRIETTE.

HENRIETTE.

Madame, sa grâce, milord, duc de Greenwich, vient d'entrer au salon.

GEORGE, à part.

O ciel !...

JENNY, à George.

Je l'ai invité à passer avec nous une partie de la journée, et je vais, si vous le voulez, vous présenter.

GEORGE.

Ce soir, je réclamerai cet honneur, je suis obligé de vous quitter, une visite indispensable me rappelle à Londres. (A part.) Le père et le fils qui se rencontreraient !... Prévenons Mortimer, et, s'il en est temps encore, qu'il ne paraisse pas ! (Haut.) Je pars et je reviens.

JENNY.

Promptement, je l'espère !

GEORGE, s'inclinant et lui baisant la main.

Oui, miss Jenny. (A part.) Décidément, ce pauvre Mortimer n'a pas de chance en ses amours !

(Il sort par la gauche.)

HENRIETTE.

Et si monsieur William arrive pendant ce temps-là ?

JENNY.

Tu le feras entrer.

HENRIETTE.

Madame n'a pas oublié qu'elle m'a promis de bien l'accueillir; si ce n'est pas pour lui, que ce soit pour moi!

JENNY, étonnée, à part.

La même phrase que George!... (Haut.) Décidément, Henriette, le jeune compositeur te plaît.

HENRIETTE.

Eh mais, madame, je ne lui déplais pas non plus!

JENNY.

Il fallait donc le dire! (Voyant paraître le duc.) Plus tard nous en reparlerons.

SCÈNE V.

JENNY, LE DUC, entrant par le fond.

JENNY, courant à lui.

Ah! milord, quelle joie de vous recevoir dans cette retraite, où tant de fois j'ai rêvé à vous et où vous étiez chaque jour attendu! (Le regardant.) Eh mais... quel nuage assombrit votre front hier si gracieux?... Ah! des ennuis!... des affaires d'État... je tâcherai, sans les comprendre, de vous les faire oublier par mon amitié, mon babil ou mes chansons, car tout à l'heure, en lisant cette lettre, que j'ai pressée sur mes lèvres, j'ai juré que ma vie n'aurait pas une seule action, ni mon cœur une seule pensée qui ne vous fût consacrée!

LE DUC, lentement et la regardant.

Et pourtant Jenny m'a déjà trompé!

JENNY, poussant un cri.

Ah! milord!... tout vous est permis, excepté une idée pareille!

LE DUC.

Que dis-tu?

JENNY.

Que je suis digne de votre estime... aussi je la veux, je la réclame. Voyons, parlez... (Souriant.) sans restriction, sans détour, sans diplomatie. Je suis prête à vous répondre... (Gaiement.) et à vous pardonner si vous avez tort... ce sera votre punition!

LE DUC.

Vous m'avez assuré n'avoir jamais vu lord Mortimer...

JENNY.

C'est la vérité.

LE DUC.

Vous m'avez promis de ne jamais le recevoir chez vous...

JENNY.

Je vous le jure encore.

LE DUC.

Et pourtant il y est!... vous l'attendiez!

JENNY.

Si vous pouvez me le prouver...

LE DUC.

Au moment où je traversais l'allée principale, j'ai entendu du bruit dans une des allées de côté... c'était un jeune homme très-simplement vêtu, regardant avec une impatience fébrile une montre qu'il tenait à la main et se promenant avec une agitation telle qu'il ne faisait aucune attention au bruit de mes pas... mais moi qui avais tout mon sang-froid, j'ai aisément reconnu dans cet amoureux, qui semblait attendre un rendez-vous, lord Mortimer mon fils...

JENNY.

Qu'est-ce que cela signifie?...

SCÈNE VI.

LES MÊMES; HENRIETTE, accourant.

HENRIETTE.
Madame... madame... M. William Carneguy.

JENNY, avec impatience.
Qu'il attende!

HENRIETTE.
Mais c'est qu'il attend depuis longtemps! le pauvre garçon était arrivé une demi-heure trop tôt... et pour ne pas vous déranger, il se promenait là-bas dans une allée sombre.

JENNY et LE DUC, à part.
O ciel!

HENRIETTE, regardant vers la droite.
Et le voilà qui se dirige de ce côté! vous pouvez de loin l'apercevoir!

LE DUC, regardant au fond à droite.
C'est lui!...

HENRIETTE, à Jenny.
Eh! oui, madame, c'est lui!

JENNY.
Bien! bien! dites à M. William Carneguy que je l'attends... qu'il vienne... qu'il vienne...

HENRIETTE, avec joie.
Merci, madame... (A demi-voix.) Je reviendrai, n'est-ce pas? et j'écouterai!

JENNY.
Au contraire! tu nous laisseras.

(Henriette sort par la droite.)

JENNY, au duc.

Quant à vous, milord, dont la vue le ferait fuir, veuillez entrer là dans ce cabinet.

LE DUC.

Et pourquoi?

JENNY.

Je tiens à vous prouver que dans ce jeune compositeur qui venait me faire entendre son opéra, j'étais loin de soupçonner le noble fils du duc de Greenwich.

LE DUC.

Je te demande pardon d'avoir pu te méconnaître.

JENNY.

Et moi, milord, je vous en punirai en tenant mes promesses, en faisant plus encore. Oui, sans sortir du respect que je dois à lord Mortimer, votre fils, j'espère, vous en serez le témoin, l'accueillir de manière à le faire renoncer à sa folie, à l'en guérir pour jamais!

(Le duc entre dans le cabinet à gauche.)

SCÈNE VII.

JENNY, s'asseyant près de la table à gauche, LORD MORTIMER, entrant par le fond à droite.

DUO.

MORTIMER, à part.

La voilà donc! bonheur suprême!
Je peux la voir et lui parler...
Et de crainte, en cet instant même,
J'hésite et je me sens trembler!

JENNY, à part, avec émotion.

Employer un tel stratagème
Pour me voir et pour me parler!
(Le regardant.)

Il tremble!... et de sa frayeur même
Malgré moi, je me sens trembler!

MORTIMER, s'approchant de Jenny.

Obscur et sans talent peut-être,
Vous daignez donc me recevoir?

JENNY.

Comme artiste c'est un devoir!
Vous vouliez me faire connaître
Un opéra de vous?...

MORTIMER.

Et savoir votre avis
Sur les morceaux pour votre rôle écrits.

JENNY, froidement.

Comptez, monsieur, sur ma franchise.
(A part et le regardant.)
Ah! comme il est ému!

MORTIMER.

Plus que vous ne pensez,
J'ai peur!

JENNY.

Remettez-vous, de grâce... et commencez.

MORTIMER, déroulant les papiers de musique qu'il tient à la main.

Que voulez-vous que je vous dise?
Cet air?... ou ce duo d'amour?

JENNY, avec embarras.

Mais... choisissez...

MORTIMER, lisant sur le papier, mais de temps en temps regardant Jenny.

« Sans oser vous le dire,
« En secret, chaque soir,
« De loin je vous admire
« Et m'enivre à vous voir!
« Un semblable délire
« N'attend pas de retour,

10.

« Mais mon courage expire
« Et je me meurs d'amour! »
(A Jenny qui tressaille.)
Eh bien! qu'en dites-vous?...

JENNY, avec quelque embarras.

Ce que j'en dis?... je dis...
Si vous me demandez franchement mon avis...

MORTIMER.

Que vous trouvez ce cantabile...

JENNY.

L'ouvrage d'un jeune homme encor fort inhabile!

MORTIMER.

Vous n'osez prononcer : *Mauvais*.

JENNY.

Non pas!... mais...

MORTIMER.

Mais à peu près!

JENNY, prenant le papier des mains de Mortimer et répétant le même air.

« Sans oser vous le dire,
« En secret, chaque soir... »
(S'interrompant.)
Quoiqu'on soit indulgente en un premier essai,
C'est commun et banal!

MORTIMER.

Et cependant c'est vrai!

JENNY, continuant avec émotion.

« De loin je vous admire
« Et m'enivre à vous voir!... »
(S'interrompant.)
Cette phrase est vieille et connue!

MORTIMER, timidement,

Vous l'avez souvent entendue?
(Vivement.)
Mais le dernier motif?... je vais vous le redire!

JENNY, s'y opposant.

Non... non... je le vois bien !
(Continuant à chanter.)
« Tout mon courage expire
« Et je me meurs d'amour ! »
(S'interrompant.)
C'est bien exagéré !

MORTIMER.

Ce vers... je l'avoûrai,
Je le sentais si bien que j'ai cru bien le rendre !

JENNY.

Erreur ! le chant est vague... incertain.

MORTIMER.

        Vous trouvez ?
(Avec dépit.)
Il est des sentiments qu'on n'a pas éprouvés
Et que l'on ne saurait comprendre !

JENNY, avec ironie et raillerie.

Vous voulez un avis !... et quand on vous l'a dit,
Soudain votre amour-propre et s'indigne et frémit !

Ensemble.

JENNY, à part, le regardant.

De colère il pâlit, il tressaille, il se trouble ;
Son orgueil, que je blesse, et s'irrite et redouble !
J'ai promis ! soyons donc sans pitié, sans remord !
Pour ses vœux que ce coup soit celui de la mort !

MORTIMER, de même.

Cachons-lui, s'il se peut, ma douleur et mon trouble.
Le destin me poursuit !... de rigueur il redouble !
Ridicule à ses yeux !... vain espoir ! vain effort !
C'en est fait !... je le sens... c'est le coup de la mort !

JENNY.

Quand votre modestie ici nous interroge,
Elle veut un conseil, et non pas un éloge ?

MORTIMER.

Oui, certes!

JENNY.

Eh bien!...
(A part et parcourant la partition qu'elle tient.)
Ah!... ce n'est pourtant pas mal!
(De même, à part et parcourant toujours.)
C'est bien!... très-bien! de la chaleur! de l'âme!

MORTIMER, timidement.

Vous disiez donc, madame...

JENNY, prenant sur elle et comme faisant un effort.

Que c'est trop long! c'est froid! c'est glacial!
(Continuant à parcourir.)
Et des fautes!...

MORTIMER.

O ciel!

JENNY.

Fautes de prosodie!
Même une autre plus grave... et contre l'harmonie...

MORTIMER, avec accablement.

C'est vrai!... je ne la voyais pas!

JENNY.

Dans cet art difficile où votre esprit s'applique
Je doute qu'un succès accompagne vos pas!
(Souriant.)
Franchement, renoncez, monsieur, à la musique...

MORTIMER, froissant le papier avec douleur.

Oui! par elle, en effet, je n'arriverai pas!

Ensemble.

JENNY.

De colère il pâlit, il tressaille, il se trouble! etc.

MORTIMER.

Cachons-lui, s'il se peut, ma douleur et mon trouble, etc.

Je ne défendrai pas et contre vous, madame,
L'ouvrage infortuné que proscrit votre arrêt,
Mais j'invoque du moins, pour attendrir votre âme,
  Le sentiment qui l'inspirait!
Quand je le composai, j'aimais!
    (Avec passion.)
    Et j'aime encore...

JENNY, effrayée et se rapprochant du cabinet à gauche, à part.
 Grands dieux!

   MORTIMER.
  Ici même, en ces lieux!...

  JENNY, vivement et affectant de sourire.
Oui! je le sais! oui, votre cœur adore
Ma camériste!

   MORTIMER, avec indignation.
  Moi!...

    JENNY.
   Qui de ce tendre feu
M'a, ce matin, daigné faire l'aveu!

   MORTIMER, de même.
Vous pourriez supposer?

   Ensemble.

   JENNY, riant.
  C'est par ce délire
  Qu'ici votre lyre
  Prélude et s'inspire
  En ses chants d'amours!
  Moi, je dois le dire,
  Un cœur qui soupire
  Soudain me fait rire,
  Et rire toujours!

   MORTIMER.
  L'amour qui m'inspire
  Contre moi conspire,

Et je dois maudire
Jusqu'à mes détours !...
Que faire ? que dire ?...
Je la vois sourire,
Et de mon délire
Et de mes amours !

(Avec chaleur.)

Ah ! revenez d'une pareille erreur !
C'est vous, Jenny, vous que j'adore !

(Se jetant à ses genoux.)

Oui, vous seule ! pour mon malheur !

JENNY, s'efforçant de rire.

A genoux !... devant moi !... c'est bien plus fort encore !
Relevez-vous, de grâce, et sachez que ce cœur,
Insensible et glacé, ne peut aimer personne !

MORTIMER.

Jamais !

JENNY.

Jamais ! j'en jure sur l'honneur !
(Riant.)
Pas même un compositeur,
Et si mon cœur un jour se donne,
Ce ne sera pas en musique...

(Riant.)

Ah ! ah !
Oui, recevez de moi, monsieur, ce serment-là.
Ah ! ah ! ah ! ah ! ah !

Par un tel délire,
En vain votre lyre
Prélude et s'inspire
A des chants d'amours !
Moi, je dois le dire,
L'amant qui soupire,
Soudain me fait rire,
Et rire toujours !
Ah ! ah ! ah ! ah ! ah !

MORTIMER, hors de lui.

Que faire? que dire?
L'amour qui m'inspire,
De moi la fait rire,
Rire pour toujours!
O fatal martyre!
De honte j'expire,
Et je dois maudire
Jusqu'à mes amours!

(Mortimer est tombé en chancelant sur le fauteuil à gauche, et succombant à sa douleur, il s'évanouit. Jenny s'approche de lui, le regarde, pousse un cri et s'élance vers le cabinet à gauche.)

SCÈNE VIII.

LE DUC, MORTIMER, JENNY.

JENNY.

Milord! milord! il est sans connaissance.

LE DUC, courant à lui et lui prodiguant ses soins.

Mon fils!... mon fils!...

(Jenny s'élance à la table à gauche, prend un flacon, et revient près de Mortimer, à qui elle le fait respirer.)

JENNY.

Milord, milord! que le ciel me pardonne
Les maux que je vous cause, hélas!

LE DUC, bas à Jenny.

Prends garde, ne sois pas si bonne;
S'il te voyait!

JENNY.

Il ne me verra pas!

(Regardant Mortimer.)

Il revient lentement à la vie, il respire;
Mais ses yeux sont encor fermés...

MORTIMER, parlant.

Jenny !

LE DUC.

Ton nom !
Tu l'entends, c'est à toi qu'il rêve en son délire !
Et son amour survit encore à sa raison !

MORTIMER, à demi-voix et sans avoir encore repris ses sens.

« Sans oser vous le dire...
« En secret, chaque soir,
« De loin, je vous admire,
« Et m'enivre à vous voir ! »

Ensemble.

LE DUC.

Il renaît, il respire,
Il revient à lui !

JENNY.

Il renaît... il respire :
Ah ! pour lui j'ai frémi...

(Mortimer revient peu à peu à lui.)

LE DUC, pendant ce temps, et à voix basse à Jenny.

Merci, Jenny, merci ! le reste me regarde !
(Jenny s'éloigne par le fond à droite, et le duc parle à voix haute comme si elle était encore là.)

SCÈNE IX.

LE DUC, MORTIMER.

LE DUC, à la cantonade.

Soyez tranquille, je me charge de votre protégé.

MORTIMER, à part et tressaillant.

O ciel !... cette voix...

LE DUC, continuant.

Puisqu'il n'a pas de dispositions pour la musique, je lui trouverai, à votre recommandation, une place dans mes bureaux. (A Mortimer qui se lève en détournant la tête.) Approchez, monsieur... Au moment où je venais exprimer à miss Jenny Bell mon admiration pour ses talents, je n'ai rien à lui refuser, et, croyez-bien, monsieur William... (Mortimer se retourne en baissant la tête.) Ciel! mon fils!... (Riant.) Ce jeune compositeur, dont Jenny refuse l'opéra et les soupirs!... (Gravement.) C'est fâcheux!...

MORTIMER, déconcerté.

Mon père!...

LE DUC.

Le ridicule l'est toujours! surtout dans votre position! Le monde pardonne volontiers les amours de théâtre, à la condition du succès! mais un héros dédaigné... méprisé...

MORTIMER.

C'est ce que nous verrons! Jenny connaîtra celui qu'elle refuse!

LE DUC.

A quoi bon?... amoureux et compositeur tombé, j'aimerais mieux garder l'anonyme que d'appeler à mon aide mon nom, mon rang et ma fortune!

AIR.

Oui, pour vous consoler, oui, mon fils, mon cher fils,
Laissez-vous diriger par la main paternelle,
Et d'un auteur français, qu'ici je me rappelle,
    Écoutez les prudents avis.

« Le bruit est pour le fat! la plainte est pour le sot...
« L'honnête homme trompé s'éloigne et ne dit mot! »
    Loin de maudire une cruelle
    Ou de punir une infidèle,
    Renoncez aux transports jaloux!

Amants et maris... taisez-vous !
« Le bruit est pour le fat ! la plainte est pour le sot !
« L'honnête homme trompé s'éloigne et ne dit mot ! »

Et si dans ses projets d'amoureuse supplique,
   Milord, malgré son nom et sa grandeur,
N'a pas plus de succès que le compositeur,
Et s'il échoue en prose aussi bien qu'en musique,
   Quel affront !...

      J'entends dans le grand monde
      L'orage au loin qui gronde,
      Et chacun à la ronde
      Va s'égayer sur nous !
      Agitant sa férule,
      Gaîment le ridicule,
      Qui grandit et circule,
      Nous poursuit de ses coups.

    — Savez-vous la nouvelle ?
    — Non, vraiment !... quelle est-elle ?
    — Le beau lord Mortimer,
    Ce gentleman si fier,
    S'est, pour une chanteuse,
    Pris d'ardeur amoureuse !
    — Son vote est repoussé.
    — Le bill n'a point passé.
    — Quel échec !... quel malheur !
Pour un futur orateur !
    Déjà, dans le beau monde,
    Partout l'orage gronde,
    Et chacun, à la ronde,
    Va s'égayer sur nous !
    Agitant sa férule,
    Gaîment le ridicule,
    Qui grandit et circule,
    Nous poursuit de ses coups !

Dans les salons, dans les journaux,
Quelle avalanche de bons mots !
Ah ! c'est à n'en pas revenir...

Ne leur donnons pas ce plaisir...
Venez ; fuyons!
Fuyons, partons!

MORTIMER, avec émotion.

Oui, mon père... oui, vous avez raison... il faut partir, mais pas encore.

LE DUC.

Et que voulez-vous de plus?... Mystifié une première fois... tenez-vous à une seconde représentation?...

MORTIMER.

Non... mais je tiens à me venger... et c'est justement parce qu'elle m'a froissé et humilié... que je veux à mon tour l'accabler de ma froideur, de mon indifférence et lui prouver clairement (ce qui est vrai) que je suis détaché d'elle... que je ne l'aime plus...

LE DUC.

En êtes-vous bien sûr?...

MORTIMER.

Oui, mon père... oui! je vous l'atteste... je comprends vos avis... je vous en remercie, je les suivrai... A votre tour, ne refusez pas à mon amour-propre, à ma fierté blessée cette dernière satisfaction... une heure encore!... et je pars! mais je pars vengé!

LE DUC, froidement.

Soit!... je vous attendrai!... je reste!

MORTIMER, contrarié.

Ah! vous restez?... (Regardant du côté du jardin.) C'est elle... (A part.) Par malheur elle n'est pas seule!...

SCÈNE X.

LE DUC à droite, JENNY, à qui DODSON donne la main, entrant par le fond, MORTIMER à gauche; puis HENRIETTE.

JENNY, à Dodson.

Ah! vous daignez trouver mes jardins agréables... (A part, avec émotion, apercevant Mortimer.) Encore ici!...

DODSON.

Surtout l'allée au bord de la Tamise... elle est délicieuse... délicieuse! (S'adressant à gauche, à Mortimer.) La connaissez-vous, monsieur?...

MORTIMER, brusquement, et s'asseyant près de la table à gauche.

Non, monsieur, j'arrive!

DODSON, à part.

Ce monsieur n'aime pas la conversation... (Haut, à Mortimer.) Quant à moi, la gaieté... les traits heureux... l'esprit... c'est ce que je préfère... car naturellement on désire...

MORTIMER, avec humeur.

Ce qu'on n'a pas!

DODSON, étonné.

Hein! (Souriant avec dédain.) C'est ce que je disais... (A part.) il n'est pas à la conversation.

LE DUC, debout près de Jenny qui vient de s'asseoir près d'une table, à droite, et lui parlant à voix basse.

Il t'aime toujours!

JENNY, avec émotion.

Vous croyez?...

LE DUC.

L'indifférence et les dédains ne suffisent pas... il faut plus encore... Jenny!... Jenny!... je t'en conjure!...

JENNY.

Vous le voulez?...

(Le duc s'éloigne de Jenny, remonte vers le fond, et redescend à gauche près de Dodson.)

MORTIMER, qui était assis à gauche, se lève au moment où son père s'éloigne, traverse le théâtre, passe près de Jenny qui est restée assise à droite, et lui dit à voix basse :

Miss Jenny?...

JENNY, à part.

Comme il est pâle!...

MORTIMER, à voix basse et avec force.

Il faut que je vous parle!...

JENNY, s'efforçant de rire.

A moi?...

MORTIMER, avec plus de force.

A vous!...

JENNY, de même et avec ironie.

Encore!... (Geste de colère de Mortimer; elle reprend d'une voix plus douce.) En ce moment, c'est difficile...

(Elle lui montre le duc et Dodson.)

MORTIMER, à demi-voix.

J'attendrai un instant favorable!

JENNY, froidement.

Attendez... (Apercevant Henriette qui entre en ce moment, tenant à la main un plat creux en argent rempli de lettres.) Que portes-tu là, Henriette?

HENRIETTE.

La provision du jour! les lettres, déclarations et billets

doux qui sont arrivés ce matin par la poste ou par exprès!...
et je vais...

JENNY, lui faisant signe d'approcher.

Donne!...

HENRIETTE.

Mais d'ordinaire... vous ne les lisez pas!...

JENNY.

C'est un tort, c'est ainsi qu'on se fait des ennemis, et je veux dorénavant mettre à jour, chaque soir, ma correspondance.

MORTIMER, avec ironie.

A quoi bon?... pour ne pas répondre...

JENNY.

Peut-être... qui sait?...

MORTIMER.

Vous!... si insensible... si dédaigneuse!...

JENNY.

C'est un reproche que vous m'adressez là!... et à juste titre!... Pour nous autres artistes, c'est une duperie... c'est une folie...

LE DUC.

Que la sagesse!

JENNY, affectant de rire.

D'abord on ne croit jamais à la nôtre, et quand on y croirait, on ne nous en sait aucun gré... au contraire!...

LE DUC.

Et cependant... vous y persistez?...

JENNY, souriant.

C'est peut-être une erreur...

LE DUC.

Erreur glorieuse!

JENNY, de même.

Dont je n'ai pas le droit d'être fière, car jamais occasion de m'en corriger ne s'est encore présentée; si elle s'offrait, je ne dis pas...

DODSON, à part, avec joie.

O ciel!...

MORTIMER, de même, avec étonnement.

Qu'entends-je ?...

JENNY, vivement à Henriette.

Voyons! voyons cette collection...

(Regardant le plateau qu'Henriette lui présente, et se levant.)

JENNY.

Ah! mon Dieu, c'est effrayant!

AIR.

Il faudrait une journée
Pour lire tous ces billets.
J'en frémis, infortunée!
Je n'y suffirai jamais!
Non, jamais!
(Les regardant.)
Que de désirs!
Que de soupirs,
Sous ces plis inclus!
C'est un abus!
(A Dodson.)
Vous! si galant,
Si complaisant,
Chargez-vous, en ami,
De cet ennui!
Lisez pour moi, de grâce;
Recevez, à ma place,
Les déclarations
Dont le coup me menace...
Moi, j'en ai des frissons!

Car...

Il faudrait une journée
Pour lire tous ces billets;
J'en frémis, infortunée,
Je n'y suffirai jamais!
Non, non, non, non, jamais!

(Jenny s'est assise près de la table ayant à sa gauche le duc également assis; à la droite de Jenny, Dodson et Henriette; puis, plus loin et assis, lord Mortimer.)

QUINTETTE.

DODSON, à Jenny.

Moi votre secrétaire! ah! c'est un bel office!

HENRIETTE, prenant des lettres qu'elle présente à Dodson.

Dieu que d'amour! comme en voilà!
Ah! quand je serai cantatrice,
Autant l'on m'en adressera!

DODSON, qui pendant ce temps a décacheté une première lettre, le lit à Jenny qui écoute.

« J'ai fait pour vos attraits
« Des rondeaux, des sonnets,
« Et mon grand opéra,
« Qui jamais ne viendra,
« Ainsi que mon amour,
« Attend toujours son tour! »

JENNY, étendant la main.

Un poëte! arrêtez!... quand Apollon soupire,
J'ai des vapeurs,
Je me meurs!
N'achevez pas de lire!
N'achevez pas! ah! ah!
(Prenant son flacon.)
Ah! ah! ah!
A d'autres, s'il vous plaît!

DODSON, en ouvrant une autre.

Des armes de baron avec un grand cachet!
(Lisant.)

« Si j'étais roi, si j'étais empereur,
« Je donnerais, dans mon délire,
« La moitié de mon empire
« Pour celle de votre cœur !
« Mais je vous offre, moi, baron,
« Mes soixante ans et mon blason,
« Et mes châteaux
« Et mes vassaux !... »

JENNY, souriant.

Quelle tendresse !...

(Prenant la lettre.)

C'est différent !... pour celui-là
L'on verra !
L'on pèsera
Ses titres de noblesse !
Ah ! ah ! ah ! ah !
Ah ! ah ! ah ! ah ! ah !
Ah ! ah ! ah ! ah !

Ensemble.

LE DUC, bas à Jenny.

Brava ! brava ! c'est bien ! courage !
De son amour il guérira !

DODSON, à part.

C'est pour moi d'un heureux présage !
Son cœur à moi se donnera !

MORTIMER.

De mes yeux tombe le nuage
Qui trop longtemps l'environna !

HENRIETTE.

Voyez ! voyez ! quel avantage
Lorsque l'on est prima donna !

DODSON, parcourant plusieurs lettres qu'Henriette lui présente ouvertes.

Un marin, — un major !

JENNY, faisant un geste de dédain et jetant la lettre par-dessus son épaule.

Ah !...

11.

DODSON.

Un élève d'Oxford!

(Même geste de la part de Jenny.)

JENNY.

Ah!...

DODSON.

Quelque dandy charmant!
(Portant la lettre à son nez.)
Qui sent le musc et l'ambre.

JENNY.

Ah!...

DODSON.

Un quaker, — un président.

JENNY.

Ah!...

DODSON.

Un membre de la Chambre!
(Commençant à lire.)
« Madame... »

JENNY, l'arrêtant.

Assez! assez! qu'un orateur soupire,
J'ai des vapeurs...
Je me meurs!
N'achevez pas de lire...
N'achevez pas!
Ah! ah!
(Prenant son flacon.)
Ah! ah! ah! ah!
Une autre?

DODSON, lisant une autre lettre.

« En fait de lettres, mon bel ange,
« Je n'écris que lettres de change!
« Grand financier,
« J'ai du mérite!
« Riche banquier

« Cosmopolite,
« Sans faire ici de madrigaux,
« J'offre mon cœur et mes lingots! »

JENNY, à part, avec un mouvement d'indignation qu'elle retient.

Quelle insolence!...
(Haut et prenant la lettre.)
C'est différent!... pour celui-là,
L'on verra!
L'on pèsera
Son cœur dans la balance!
Ah! ah! ah!

Ensemble.

LE DUC, bas à Jenny.

Brava! brava! c'est bien! courage!
(Regardant Mortimer.)
Je vois son dépit et sa rage.
Ah! c'en est fait, cette fois-là,
Son amour y succombera!

DODSON, avec joie.

Quoi! c'est elle que j'entends là?
C'est pour moi d'un heureux présage,
Ce cœur si fier et si sauvage
A moi bientôt se donnera!

MORTIMER, avec douleur.

Quoi! c'est elle que j'entends là?
Adieu mes rêves!... quel dommage!
De mes yeux tombe le nuage
Qui trop longtemps l'environna!

HENRIETTE.

Les billets doux et les hommages,
L'amour, la gloire et cætera,
Voyez! voyez que d'avantages,
Lorsque l'on est prima donna!
(Tous se sont levés.)

DODSON, regardant une lettre.
Idem!... un prince russe!

HENRIETTE, de même.
Un grand seigneur de Prusse!

JENNY, en regardant une aussi.
Un infant espagnol,
Riche comme le grand-mogol!...

DODSON, lui en montrant une autre.
D'autres amours encor!
Un nabab doublé d'or!

JENNY, la prenant.
Un nabab qui soupire...

HENRIETTE.
Il vient de Cachemire...

DODSON, de même.
Lahore... Calcutta...
(Montrant d'autres lettres.)
Et cætera!... et cætera!...

JENNY, prenant de leurs mains toutes ces lettres.
Donnez!... donnez!... de tous ceux-là
(Rient.)
L'on verra!
L'on calculera
Le brûlant délire!
Ah! ah! ah! ah!
Et l'on prononcera!

Ensemble.

MORTIMER.
Non! non, rien n'égale ma rage;
De mes yeux tombe le nuage
Qui trop longtemps m'environna!

LE DUC, bas à Jenny.
Brava! brava! c'est bien, courage!

Ah ! c'en est fait, cette fois-là,
Son amour y succombera !

JENNY, vocalisant pendant l'ensemble.
Ah ! ah ! ah !
Ah ! ah ! ah !
Ah ! ah ! ah !
Ah ! ah ! ah !
Ah ! ah ! ah !

DODSON.
C'est pour moi d'un heureux présage ;
Ce cœur si fier et si sauvage
A moi, bientôt, se donnera !

HENRIETTE.
L'amour ! la gloire et cætera !
Voyez ! voyez, que d'avantages
Lorsque l'on est prima donna !

JENNY, donnant à Henriette les lettres qu'elle a conservées.
C'est bien, c'est bien ; mets de côté ces épitres, et brûle toutes les autres !...

(Henriette sort.)

LE DUC, à voix basse et passant près de Jenny qui se soutient à peine.
Jenny ! Jenny ! c'est admirable !...

JENNY, de même.
Prenez garde, milord, il peut nous voir !

LE DUC, montrant Mortimer.
Il ne voit rien ; il rêve à ses illusions détruites ! Encore un coup pareil, et son amour n'en reviendra pas !

JENNY, tremblante.
Vous ne craignez point que ce ne soit trop fort ?...

LE DUC.
Non, te dis-je. Il ne faut pas lui laisser le temps de revenir à lui, ou plutôt à toi !...

HENRIETTE, rentrant et s'approchant de Jenny.
Madame fera-t-elle pour ce soir une autre toilette ?...

JENNY.

Celle-ci suffira, je crois, en y ajoutant quelques diamants.

DODSON, lui montrant son écrin qui est sur la table.

Les miens ?

JENNY, riant.

Des diamants faux ! (Montrant l'autre écrin.) Je préfère ceux-ci que j'ai reçus ce matin.

MORTIMER, se levant brusquement et allant à elle.

Et d'où viennent-ils ? (S'arrêtant.) Pardon !...

JENNY, avec émotion et regardant le duc.

D'une main qui m'est chère, d'un ami véritable !

DODSON, à demi-voix.

Et si mes diamants à moi l'étaient aussi... véritables ?...

(Geste de colère de Jenny.)

MORTIMER, à part.

Qu'ose-t-il dire ?...

DODSON.

Si, comme un hommage rendu à la beauté et au talent, on vous suppliait de les accepter...

(Geste de colère de Jenny, qui rencontre un regard du duc, s'arrête et garde le silence.)

MORTIMER, à part, avec colère.

Elle garde le silence !

DODSON, à part.

Elle se tait ! ô bonheur !

MORTIMER, bas à Dodson.

Si elle accepte, monsieur, je vous brûle la cervelle...

DODSON, étonné et effrayé.

Comment ?...

MORTIMER.

Et à moi après.

DODSON, vivement.

Vous d'abord, s'il vous plaît! Ne vous occupez pas de moi!

LE DUC, qui était à droite, a remonté le théâtre et se trouve à gauche, près de Mortimer, auquel il s'adresse à voix basse et avec un air de reproche.

Maintenant, je l'espère... nous partons?...

MORTIMER, à voix basse et avec trouble.

Oui, dans quelques minutes; je n'ai pas ici ma voiture.

LE DUC, à demi-voix.

J'ai la mienne!

(Il sort.)

MORTIMER, bas à Dodson.

Vos armes?...

DODSON, de même.

Un instant!... Je ne me bats pas avec un auteur de musique qui n'a rien à risquer. Moi, j'ai des millions.

MORTIMER, à demi-voix.

J'en ai aussi!

DODSON.

Je suis... je suis orfévre... je suis alderman.

MORTIMER, lui glissant sa carte dans la main.

Voici ma carte.

DODSON, jetant les yeux dessus.

O ciel!... un lord... lord Mortimer!... C'est différent. (A part.) Cela change mon plan de campagne. (A demi-voix.) A bientôt, milord!... vous aurez de mes nouvelles; à bientôt.

(Il sort.)

SCÈNE XI.

JENNY, assise à droite; MORTIMER.

MORTIMER.

J'étais là, j'ai tout entendu!

JENNY.

Quoi donc?

MORTIMER.

Son offre insolente.

JENNY.

C'est là ce qui vous étonne?

MORTIMER.

De lui?... non!... mais de vous!... je ne puis y croire! Mon erreur première survit à tout ce que je viens de voir et d'entendre. Je vous avais placée si haut, que je ne puis redescendre encore de mes illusions.

JENNY, affectant la gaieté.

Et vous avez tort!... Vous nous voyez trop en beau; vous nous parez de qualités que nous n'avons pas!... Ces beaux sentiments que nous traduisons le soir, et qui vous charment, vous paraissent les nôtres! erreur!... Voyez-nous telles que nous sommes, légères, frivoles, capricieuses, n'ayant à dépenser que quelques années de beauté et de succès dont il faut nous hâter de profiter!

MORTIMER.

Ah! ce n'est pas vous que j'entends!... ce n'est pas possible; il y a dans vos traits et dans votre langage quelque chose qui n'est pas d'accord, qui jure! Vous n'êtes pas vous!... vous vous calomniez... vous me trompez?...

JENNY.

En quoi donc? Je ne vous ai jamais dit que je vous aimais!

MORTIMER.

C'est vrai!

JENNY.

Et... (Hésitant.) je ne vous aime pas!

MORTIMER.

Je le sais!... mais me préférer monsieur Dodson?...

JENNY, vivement.

Vous pourriez le croire!...

MORTIMER.

Ou plutôt sa fortune! c'est plus indigne encore!... et voilà maintenant pourquoi je vous déteste!

JENNY, s'efforçant de rire.

Soit, monsieur!... séparons-nous! quittons-nous bons amis, et oubliez-moi!...

MORTIMER.

Ah! que ne le puis-je?... pourquoi n'en ai-je ni le courage ni la force?... Noble, pure et vertueuse, telle que je vous avais rêvée, je vous aurais donné ma vie et mon sang, je vous aurais adorée! Et maintenant...

JENNY, avec douleur.

Vous me méprisez?...

MORTIMER, avec violence.

Oui!... et je t'aime encore!... et je t'aime toujours!...

JENNY, avec un éclair de joie.

Vous!...

MORTIMER.

C'est une honte, n'est-ce pas, contre laquelle je me débats en vain! car t'aimer, je le sens bien, est un horrible malheur... mais te voir au pouvoir d'un autre est un malheur plus affreux encore!... Écoutez, Jenny... je vous ai trompée, je ne suis pas ce que vous pensez! j'ai un nom, un rang!...

de la fortune!... (D'un ton amer.) De la fortune aussi!... elle est à vous!... Je vous l'offre! je vous la donne!

JENNY, avec indignation.

A moi! mon Dieu!...
(Elle se cache la tête dans ses mains.)

MORTIMER, poussant un cri de joie.

Ah! quel bonheur! elle s'indigne! elle rougit!...

JENNY.

Pour vous, monsieur.

MORTIMER, de même.

Bien!... bien!... je m'abusais! tu es digne de moi; j'avais raison de t'estimer et de t'aimer, malgré toi-même et malgré moi!
(Un domestique entrant.)

LE DOMESTIQUE.

Une lettre de M. Dodson!...

MORTIMER, avec indignation.

De lui?... vous ne la recevrez pas. (Jenny, après un moment d'hésitation et sans lui répondre, prend la lettre et fait signe au domestique de s'éloigner. — Mortimer, de même.) Vous ne la déchirez pas?... vous l'ouvrez?... (Avec ironie.) Des offres qu'il vous fait sans doute?... (Jenny ne répond pas.) Ah! je les connaîtrai! et quelles qu'elles soient!... je les surpasserai!
(Il arrache la lettre des mains de Jenny.)

JENNY, avec indignation.

Un tel oubli de toutes les convenances... Sortez, monsieur... sortez!...

MORTIMER.

Tu m'as chassé!... sans pitié, sans remord!
Tu m'as chassé!!... moi qui t'aimais encor!...
Mais tout s'éteint!... ta perfidie insigne
  Guérit mon cœur blessé!

Va! d'être aimé ton cœur n'était pas digne...
Tu m'as chassé! tu m'as chassé!

(Il sort avec fureur.)

SCÈNE XII.

JENNY, seule, et tombant sur un fauteuil.

Je l'ai chassé!... j'ai tenu mon serment!
Envers l'honneur je suis quitte à présent!
J'ai dédaigné, j'ai méprisé sa flamme!
    L'arrêt est prononcé!
Et de ces lieux...

(Avec douleur.)
    Mais non pas de mon âme,
Je l'ai chassé!

CAVATINE.

Tu me plaindrais peut-être,
Mon bienfaiteur,
Si tu pouvais connaître
Le secret de mon cœur.
Perdre, hélas!... et sans crime,
Son amour et son estime,
C'est trop souffrir!
Je succombe, et me sens mourir!

SCÈNE XIII.

JENNY, GEORGE.

GEORGE, entrant par le fond et gaiement.

Eh bien!... eh bien!... que se passe-t-il en mon absence?...

JENNY, se relevant.

George!...

GEORGE, toujours riant.

Comment, je cours à Londres pour le sauver... il était parti depuis longtemps...

JENNY.

Que voulez-vous dire?

GEORGE.

Et pendant ce temps-là, miss Jenny, voilà les égards que vous avez pour mes recommandations!... comment, mon jeune compositeur...

JENNY.

O ciel!

GEORGE.

William Carneguy... mon protégé... un garçon de talent que vous congédiez... les arts que vous mettez à la porte!... je l'ai aperçu qui partait.

JENNY.

Parti! (A part.) Tant mieux!... (Haut.) Ah! il est parti?...

GEORGE.

Non pas!... je l'ai ramené!... ramené de force.

JENNY.

Et de quel droit?...

GEORGE.

Parce qu'il ne sortirait d'ici que pour aller à Bedlam!... Il vous aime comme un fou, ce garçon-là; il en perd la tête, à un point que moi, qui en ai été le témoin, je ne puis le croire encore. D'abord, il tenait en ses mains une lettre qu'il froissait avec colère, une lettre qu'il vous avait arrachée, et où M. Dodson vous proposait de vous épouser, exprès pour me ruiner, pour me faire perdre mon pari. C'est une indignité, une spéculation. Aussi, j'étais furieux, et lui encore plus!... J'ignore, miss Jenny, ce que vous lui avez fait; mais j'essayai vainement de prendre votre défense, de vous peindre à ses yeux telle que je vous vois, telle que vous êtes!... « Non, non, tu ne la connais pas, me disait-il, en pleurant de rage; elle est fausse, coquette, insensible, intéressée. Je vois son manége et ses projets; je devine son espoir et son but : on ne l'obtiendra que par le mariage. — Eh bien, a-t-il continué, je cours vers mon père, qui m'attend, qui voulait m'entraîner. Toi, va vers elle; c'est ma honte que je signe... n'importe?... je l'épouse! »

JENNY, hors d'elle-même.

Lui!... que dites-vous?... ce n'est pas possible!...

GEORGE, avec colère.

Eh! oui! morbleu!... c'est extravagant, incroyable, impossible!... mais il vous épouse!... (Riant.) Qu'en dites-vous?...

JENNY.

Jamais!...

GEORGE, stupéfait.

Comment!... jamais!... (Riant.) C'est juste!... j'avais juré de ne pas vous le dire. Vous ne savez pas que William Carneguy, mon jeune compositeur, c'est lord Mortimer...

JENNY, froidement.

Qu'importe?...

GEORGE, de même.

Lord Mortimer!... le fils du duc de Greenwich, le fils du ministre : vous devenez par là une lady, une grande dame, une duchesse!...

JENNY, avec impatience.

Qu'importe?...

GEORGE.

Ah çà!... c'est à moi personnellement que vous en voulez... à moi et à lui?... Comment, miss Jenny, quand vous pouvez faire mon bonheur, le sien et le vôtre par-dessus le marché, quand vous pouvez me faire épouser lady Clarence, et lui donner à lui celle qu'il aime, car il vous aime, vrai, d'une manière si absurde, que par cela seul il devrait vous plaire!... Voyons, que vous a-t-il fait ce pauvre jeune homme, et pourquoi ne pas l'aimer? essayez... allons! un effort, un bon mouvement, ne fût-ce que pour moi... (Tombant à ses pieds.) qui vous en supplie à genoux. (Regardant Jenny, qui depuis quelques instants ne peut plus contenir son trouble et sa douleur.) Ah! qu'ai-je vu? vous êtes émue, attendrie, des larmes roulent dans vos yeux... vous l'aimez!

JENNY, cherchant à le détromper.

Non... non!...

GEORGE.

Vous ne voulez pas en convenir... mais vous l'aimez.

JENNY.

Silence!... au nom du ciel!... c'est milord duc.

GEORGE, se relevant.

Son père!... il arrivera trop tard... j'ai gagné mon procès... lady Clarence est à moi!...

SCÈNE XIV.

GEORGE, JENNY, LE DUC.

LE DUC entre vivement, aperçoit George qui le salue, lui rend son salut, puis prend Jenny à part et lui dit à voix basse :

Jenny! Jenny, mon ange gardien... si tu savais!...

JENNY, de même, à voix basse.

Je sais tout!...

LE DUC.

Maître de sa fortune et de ses actions, il peut braver mes conseils et mon pouvoir... je ne peux plus rien... Et maintenant sur qui compter?

JENNY.

Sur moi!...

SCÈNE XV.

LES MÊMES; DODSON, HENRIETTE, MORTIMER, JEUNES SEIGNEURS, ACTEURS et ACTRICES.

FINALE.

LE CHOEUR.

Vive folie
Par qui la vie
Gaîment s'oublie!
Que les grelots
Qui t'environnent
Au loin résonnent,
Et qu'ils étonnent
Tous les échos!

GEORGE, allant au-devant de Mortimer, qui entre en ce moment, et le prenant à part.

Pour nos amours je réponds du succès.
Plus de chagrins, et, désormais,
Disons comme eux :

GEORGE et LE CHOEUR.

Vive folie! etc.

(En ce moment plusieurs domestiques en livrée apportent des bols de punch tout allumés que l'on place sur différentes tables.)

JENNY, pendant que George et Henriette remplissent les verres et que l'on boit.

Versez! versez!

CHANSON A BOIRE.

Que fume et pétille
Le punch enivrant!
Du plaisir qui brille

Astre étincelant !
Il brûle, il éclaire,
Versant tour à tour
Des flots de lumière
Et des feux d'amour !

Le soir, dans nos salons, comme un lutin folâtre,
Il jette les reflets de sa vapeur bleuâtre ;
Et du riant cristal, étincelant de feux,
Fait jaillir le nectar, dont s'enivraient les dieux !

Versez encor !... versez !...

Que fume et pétille, etc.

De ce bol écumant, qu'entoure la fumée,
Ainsi que d'un volcan, sort la lave enflammée !
Le ciel a moins d'azur, Satan a moins de feux.
Et sa flamme résume et l'enfer et les cieux !

Versez toujours !... versez !...

Que fume et pétille, etc.

MORTIMER, s'approchant de Jenny.

J'attends votre réponse !...

DODSON, à demi-voix, de l'autre côté.

Et j'attends mon arrêt !

MORTIMER, de même, à Jenny, qui reste immobile.

Qu'un seul mot me l'annonce !

DODSON, de même.

Un geste suffirait !

MORTIMER.

La foule qui nous environne...

DODSON.

Doit ignorer notre secret.

MORTIMER, montrant la rose que Jenny porte à sa ceinture.

Que votre main et détache...

DODSON.

Et me donne
Cette rose...

GEORGE, bas à Jenny et en riant.

La mienne !... elle devait ici
Briller, comme témoin, au bonheur d'un ami !

MORTIMER, à Jenny qui a détaché la rose et qui hésite.

Eh bien ?

DODSON.

Eh bien ?...

(Jenny, tremblante, hésite... elle a rencontré les yeux suppliants de George et de Mortimer ; elle a fait un mouvement imperceptible vers celui-ci ; mais elle aperçoit le duc qui la contemple... immobile et pâle, elle détourne la tête et jette la rose à Dodson, sans le regarder.)

Ensemble.

MORTIMER.

Infamie !
Perfidie !
Indigne trahison !
Double injure
Et blessure
Dont guérit ma raison !
Cet outrage
Me dégage...
Désormais je la hais !
Et l'infâme
De mon âme
Est bannie à jamais !

JENNY.

Infamie !
Perfidie !
Indigne trahison !
Imposture
Et blessure
Dont guérit sa raison !
Cet outrage

Le dégage...
Il me hait désormais !
Et sa flamme
De son âme
Est bannie à jamais !

DODSON, regardant George.

Il enrage !...
Ce suffrage
Est encore un succès !
C'est ma femme,
Et sa flamme
M'appartient désormais !

GEORGE.

Perfidie !
Comédie !
Indigne trahison !
O parjure,
Dont murmure
Et frémit ma raison
(Regardant Dodson.)
Oui, j'enrage !...
Ce suffrage
Est encore un succès !
(Regardant Jenny.)
Et l'infâme,
De mon âme
Est bannie à jamais !

LE DUC.

(Regardant son fils.)
Cet outrage
Le dégage...
Il la hait désormais !
(Regardant Jenny.)
Noble femme,
Oui, mon âme
Te chérit à jamais !

HENRIETTE et LE CHŒUR.
Vive folie, etc.

MORTIMER, s'adressant à son père.
Tout est brisé! comptez sur mon obéissance...
Partons!... Mon père, à vous, ainsi qu'au roi,
Je jure d'épouser demain lady Clarence!

GEORGE, à part.
O contre-coup fatal qui retombe sur moi!
(Avec rage, voyant Dodson qui s'approche tenant sa rose à la main.)
Pour lui je l'ai cueillie!

DODSON, bas à George.
A moi les dieux s'unissent!
J'ai gagné! j'ai gagné!

GEORGE, à part.
Par le sort et l'amour, qui tous deux me trahissent,
Je suis ruiné!... ruiné!

Ensemble.

MORTIMER.
Infamie! etc.

JENNY.
Infamie! etc.

DODSON, regardant George.
Il enrage, etc.

GEORGE.
Perfidie! etc.

LE DUC, regardant son fils.
Cet outrage, etc.

HENRIETTE et LE CHŒUR.
Vive folie, etc.

MORTIMER, qui s'est approché de Jenny, lui dit à voix basse.
Pour jamais!
(Puis il prend la main de son père et s'éloigne avec lui.)

JENNY, à part, se soutenant à peine.
Souvenir éternel et fatal!
(Elle s'appuie sur la table.)

MORTIMER, au fond du théâtre, jette un dernier regard et s'arrête.
Mon père!...

LE DUC.
Qu'as-tu donc?...

MORTIMER, hors de lui.
Elle se trouve mal!
(Il revient vivement et plein d'effroi près de Jenny. Celle-ci l'a vu et au moment où Mortimer est près d'elle, elle saisit sur la table un verre de punch, rassemble toutes ses forces et reprend le premier motif.)

JENNY.
Versez!... versez!...
Que fume et pétille, etc.
(Mortimer furieux se jette dans les bras de son père et s'éloigne avec indignation. Jenny, tenant encore son verre à la main, tombe à moitié évanouie sur un fauteuil.)

ACTE TROISIÈME

Une des salles de Guild-Hall, préparée pour la réception du roi. Au fond une galerie élevée où l'on monte par plusieurs marches. A droite et à gauche plusieurs tribunes, richement décorées.

SCÈNE PREMIÈRE.

DODSON, descendant les marches à gauche, entouré d'ALDERMEN ses collègues, GEORGE.

DODSON.

Soyez tranquilles, messieurs, je suis responsable et me charge de tout ! Commissaire de la fête, je réponds du concert et surtout du repas... où brilleront, selon l'usage, la soupe à la tortue et l'ananas colossal. (Les aldermen s'éloignent; Dodson aperçoit George qui entre par la droite.) Ah ! milord George Leslie... qui nous fait l'honneur d'assister à la fête de la ville...

GEORGE, avec ironie.

Pourquoi pas ?...

DODSON, d'un air railleur.

Cela étourdit... cela console...

GEORGE, de même.

Et de quoi ?...

DODSON.

De votre défaite... car j'ai gagné...

GEORGE, de même.

Cela ne m'est pas encore prouvé...

DODSON.

Comment cela ?...

GEORGE, riant.

Ah ! vous croyez bonnement, mon cher, que miss Jenny... vous aime...

DODSON, avec affirmation.

Oui...

GEORGE, riant.

Ou que du moins elle vous épouse ?

DODSON.

Oui... elle me l'a dit... elle me l'a promis.

GEORGE.

Raison de plus pour que je n'en croie pas un mot !... Je le croirai quand je le verrai... quand ce sera signé, paraphé, et encore !...

DODSON.

Et le contrat, cependant ?...

GEORGE.

Raison de plus. Vous ne savez donc pas, mon cher, ce que sont ces femmes-là ? c'est la fausseté, l'astuce, la tromperie, à commencer par Jenny Bell...

SCÈNE II.

Les mêmes; LE DUC est entré sur ces derniers mots, causant avec quelques Seigneurs.

GEORGE.

D'autant plus perfide, qu'elle est vertueuse en apparence... d'autant plus dangereuse, que, froide et insensible, elle n'aime rien, ne croit à rien... J'y ai été pris moi-même! Pariant pour son honneur, je devais perdre! et Jenny Bell...

LE DUC, entendant ces derniers mots, avec indignation.

Jenny Bell!... (Quittant les seigneurs qui l'entourent.) Pardon, milords...

(S'avançant vers George et Dodson.)

COUPLETS.

Premier couplet.

Halte-là, messieurs, je vous prie !
J'ai pu, dans ma juste terreur,
De Jenny, brillante et jolie,
Redouter l'ascendant vainqueur !
Mais loin de souffrir qu'on l'offense,
Dès qu'on attaque son honneur,
Dès qu'on l'attaque en ma présence...
Messieurs... messieurs... je suis son défenseur!

DODSON.

Et moi aussi !

LE DUC, avec chaleur.

Deuxième couplet.

Malheur à qui peut se méprendre
Sur la noblesse de son cœur !
Malheur à qui ne peut comprendre
Tant de vertus et tant d'honneur !
(S'arrêtant en voyant l'étonnement de George et souriant.)
N'importe où le destin les place,
Moi je défends avec ardeur
La beauté... l'esprit et la grâce...
Jenny !... Jenny !... je suis ton défenseur !

GEORGE.

Vous, milord, la défendre contre moi, qui, après tout, n'ai perdu pour elle qu'un pari, tandis que votre fils en perdra la raison...

LE DUC.

Erreur !... je n'attache point cette importance à un moment d'enthousiasme... déjà dissipé... Lord Mortimer ne pense plus à Jenny Bell... (S'adressant aux seigneurs qui sont entrés avec lui, et qui après le dernier couplet se sont assis à droite du théâtre.) Et je vous prie, messieurs, de vouloir bien le redire... il n'y a jamais pensé sérieusement !

DODSON.

J'en suis ravi !

LE DUC.

Ce matin, dans la salle du conseil, il a déclaré à lord Oldoborough et à moi, en présence de Sa Majesté... qu'il serait heureux et fier... de donner suite à nos projets d'alliance.

GEORGE, à part.

O ciel !...

LE DUC.

Il a promis, et jamais Mortimer n'a manqué à sa parole... Il mourrait plutôt, je le connais ! Aussi, c'est ce soir, à minuit, en sortant de cette fête, que lord Mortimer doit épouser lady Clarence...

GEORGE, à part.

Malédiction !

LE DUC, s'adressant aux seigneurs assis à droite.

Mais je suis inquiet de Jenny Bell. J'ai envoyé chez elle ce matin... elle était souffrante... et craint même de ne pouvoir chanter ce soir... (Se tournant vers Dodson.) Veillez à cela, monsieur Dodson... car cela contrarierait beaucoup le roi... et surtout la reine.

(Il salue de la main, et sort par la droite avec les autres seigneurs.)

DODSON, troublé.

Et moi donc !... Comme commissaire de la fête, comme alderman, et comme mari, je m'étais déjà présenté chez elle... mais sa porte était fermée...

GEORGE, avec joie.

Vous voyez bien!...

DODSON.

Et quoique je me fusse nommé, elle avait refusé de me recevoir !

GEORGE.

Quand je vous le disais!... elle n'a jamais pensé qu'à vos diamants... mais à vous...

DODSON.

Par exemple !...

GEORGE.

Elle ne vous aime pas, ne vous épousera pas...

DODSON.

S'il était vrai!...

GEORGE.

Et de plus... ne chantera pas ce soir... et vous aurez perdu, mon cher, vos peines et votre pari, car je gagnerai !

DODSON, restant immobile.

Je me contiens à peine... et si ce n'était la crainte de défriser ma perruque... mais je suis furieux... en dedans.

GEORGE, riant.

A la bonne heure au moins... cela me console un peu!

SCÈNE III.

Les mêmes; HENRIETTE, venant de la gauche.

HENRIETTE, à la cantonade.

Allons donc, monsieur Thomas, est-ce que vous y pensez?... est-ce qu'on a le temps ici de s'occuper de ces choses-là?...

DODSON, l'apercevant.

C'est Henriette!... (Avec impatience.) Qu'est-ce ? qu'y a-t-il ?...

HENRIETTE.

M. Thomas Goffin, le mercier, que je viens de rencontrer, parce que, dans les fêtes de la Cité, on laisse entrer toutes sortes de gens... la société est bien mêlée!...

DODSON.

Et Jenny Bell?... ta maîtresse?...

HENRIETTE.

Elle va mieux!... elle a cru un instant qu'elle ne pourrait pas venir... mais elle y a mis un courage...

DODSON, à George.

Vous l'entendez?...

HENRIETTE.

« Il le faut! il le faut! » disait-elle!

DODSON.

J'en étais sûr!

HENRIETTE.

Et je viens vous prévenir de lui envoyer à neuf heures... une des voitures de la ville...

DODSON.

J'irai la chercher moi-même... je lui donnerai la main pour l'aider à fendre la foule... (Regardant George avec intention.) Il se peut qu'il y ait des gens que mon bonheur contrarie!... Je suis heureux, je suis riche, je suis aimé... ce n'est pas ma faute.

GEORGE.

Ni celle de votre mérite...

DODSON, avec ironie

C'est le sort... c'est le hasard...

GEORGE.

Il n'a pas encore prononcé!... la fortune est changeante... et les femmes aussi...

DODSON.

Pas pour moi!... Pardon, milord, on est commissaire ou on ne l'est pas. Je m'en vais.

(Il sort.)

HENRIETTE.

Et moi aussi! j'ai peur de rencontrer Thomas Goffin, qui va encore me parler mariage... quelle perspective! un marchand! un comptoir! fi donc! j'aime bien mieux M. William Carneguy, un artiste, qui peut faire son chemin, faire fortune... (Voyant Mortimer qui traverse la galerie du fond en riche habit de cour.) Ah! mon Dieu!... est-ce qu'il l'aurait déjà faite?... c'est trop tôt... (A George.) Voyez donc!

GEORGE.

Quoi?...

HENRIETTE.

Cet habit brodé... ces diamants... ces deux domestiques en livrée, auxquels il donne des ordres...

GEORGE, se retournant et voulant aller à lui.

Ah! lord Mortimer!...

HENRIETTE, stupéfaite et retenant George.

Un compositeur!...

GEORGE.

Le dimanche!... mais grand seigneur toute la semaine!

HENRIETTE.

Ah! quel finale!... (Faisant la révérence.) Votre servante, milord!... (Voyant Mortimer qui, rêveur, ne l'aperçoit pas.) Il ne me regarde seulement pas! (A part.) Je ferai bien, je crois, d'accepter, en m'en allant, le bras de Thomas Goffin.

(Elle sort par la droite.)

SCÈNE IV.

GEORGE, MORTIMER.

GEORGE, lui frappant sur l'épaule.

A qui penses-tu?...

MORTIMER.

A elle!...

GEORGE, vivement.

A lady Clarence?...

MORTIMER.

Non!... (Avec colère.) A elle, te dis-je!...

GEORGE.

Je comprends! à Jenny Bell!

MORTIMER.

Je la déteste à présent!

GEORGE.

Moi aussi!

MORTIMER.

Je la méprise!

GEORGE.

C'est pour cela que tu as juré à ton père, à lord Oldoborough et au roi, d'épouser lady Clarence ?

MORTIMER.

Oui...

GEORGE.

Et tu l'épouses ce soir... à minuit?

MORTIMER.

Oui... (Avec colère.) Je tiendrai mon serment avec plaisir, avec bonheur.

GEORGE, vivement.

Je le crois bien... (Se reprenant et s'adressant froidement à Mortimer après un instant de silence.) Me permettras-tu, mon cher lord, de te faire mon compliment!...

MORTIMER.

Sans doute! et tu penses bien, mon cher George, mon plus ancien ami, que je compte sur toi, ce soir, pour être mon témoin!

GEORGE, à part.

Ah! c'est tro fort! (Haut.) Je le voudrais, mon ami; mais une affaire indispensable m'oblige à te quitter avant ce soir, à l'instant même!

MORTIMER.

Et pourquoi donc? où vas-tu?

GEORGE.

Chercher querelle à quelqu'un, et me faire tuer!

MORTIMER.

Toi?... Et qui t'oblige à prendre un tel parti? Serais-tu encore ruiné?

GEORGE, froidement.

Si ce n'était que cela, je me serais adressé à toi!

MORTIMER, lui prenant la main.

A la bonne heure!

GEORGE.

Ce ne serait pas la première fois!

MORTIMER.

Et bien! alors, quel motif?

GEORGE.

Te crois-tu donc le seul au monde qui puisse être malheureux en amours?

MORTIMER, vivement.

Tu aimerais aussi! il serait possible?... Jenny Bell?...

GEORGE, avec impatience.

Eh non! tu ne penses qu'à elle! il en est d'autres qui valent mieux!

MORTIMER, vivement.

Ce n'est pas vrai! (Se reprenant.) Si, si, tu as raison!

GEORGE.

J'en connais une qui réunit à la beauté la noblesse et la vertu, et dont, pour comble de regrets, je suis aimé!

MORTIMER.

Qu'est-ce qui t'empêche de l'épouser?

GEORGE.

Un obstacle invincible!

MORTIMER.

Lequel?...

GEORGE.

Elle appartient à un ami!... et c'est une honnête femme! j'ai donc raison de respecter son repos, son honneur et celui de son mari! (Regardant vers la droite.) O ciel!...

MORTIMER.

Qu'as-tu donc?

GEORGE, avec émotion.

Lord Oldoborough et sa fille qui arrivent.

MORTIMER, froidement.

Qu'importe?

GEORGE, de même.

Ne vas-tu pas offrir ta main à lady Clarence?

MORTIMER, de même.

Moi! à quoi bon? (Examinant George qui regarde toujours vers la droite; à part.) Ah mon Dieu!... quel trouble!... quelle émotion!... (Haut à George.) Écoute, ami... j'ai dans ce moment une affaire, un devoir à remplir... fais-moi le plaisir d'être pour un instant le chevalier de lady Clarence.

GEORGE.

Moi!

MORTIMER.

Je vais vous rejoindre; mais rends-moi ce service... je t'en prie!

(George s'incline en signe de consentement. Mortimer lui serre la main, et George troublé s'éloigne vivement.)

SCÈNE V.

MORTIMER, le suivant quelque temps des yeux.

La passion insensée qui m'absorbe m'avait donc rendu absurde, insensible, aveugle! Il est évident qu'il l'aime! qu'il en est aimé!... il vient de me l'avouer... il y renonce pour moi... Et je serais un obstacle à leur bonheur? moi, à qui lady Clarence est indifférente!... (S'arrêtant et réfléchissant.) Mais la parole donnée à son père et à son roi, un gentleman, un homme d'honneur a-t-il le droit d'y manquer?... Non! (Rêvant.) Ce mariage, auquel je me suis engagé, aura lieu ce soir!... Mais quelques heures après, lady Clarence sera veuve... C'est le seul moyen, pour elle de disposer de sa main; pour moi, d'acquitter ma promesse, et surtout de ne plus penser à Jenny Bell! (Écoutant.) J'entends l'air : *Dieu sauve le roi!* ce roi, qui, ce matin encore, m'a comblé de bontés et m'a traité comme un fils. Voici le cortège royal qui s'approche... Allons, mon parti est pris.

ROMANCE.

Premier couplet.

J'emporterai dans la tombe
Et ma honte et mon remord!

Que nul, lorsque je succombe,
Ne sache que je l'aime encor !
Désormais sur cette terre
Il n'est plus d'espoir pour moi !
Que Dieu veille sur mon père,
Et que Dieu sauve le roi !

Deuxième couplet.

L'amour fatal qui m'exile
D'un ami comble les vœux !
Ma vie était inutile,
Ma mort fera deux heureux !
Mourons... quittons cette terre
Où tout est fini pour moi !
Que Dieu veille sur mon père,
Et que Dieu sauve le roi !

(Ces deux couplets de romance ont été accompagnés au dehors par les chants de joie du *God save the King*. A ce moment, Mortimer aperçoit Jenny qui arrive conduite par Dodson.)

Dieu ! qu'ai-je vu ?... c'est elle !... ah ! fuyons !...

(Il disparaît par la droite.)

SCÈNE VI.

DODSON, entrant par la gauche, donnant la main à JENNY BELL, qui tient un rouleau de musique.

DODSON, à Jenny, qui s'asseoit sur un fauteuil.

On craignait que vous ne vinssiez pas, nous en avions peur, le roi et moi ; mais vous voilà... vous êtes mieux ?

JENNY, assise.

Oui !

DODSON, souriant.

Et vous chanterez ?...

JENNY.

Oui !

DODSON, s'inclinant.

Merci, pour ma considération personnelle, parce que je l'avais promis, et quand vous traversiez la foule, appuyée sur mon bras, comme ils me regardaient tous ! quel air étonné !... Que sera-ce quand ils sauront mon mariage !... Vous ne désirez pas parcourir la salle du bal, la salle du trône ?...

JENNY.

Non !

DODSON.

Le roi et la reine viennent d'arriver... ainsi que toute la cour... Des parures ravissantes qui sortent de mes ateliers ; lady Clarence, autour de laquelle on fait foule, est délicieuse, je m'en vante, un diadème de perles !...

JENNY, avec impatience.

C'est bien !

DODSON, offrant son bras.

Vous ne voulez pas le voir ?

JENNY.

Non !

DODSON.

Que puis-je alors ?

JENNY.

Me laisser !

DODSON.

Cela vous fera plaisir ?

JENNY.

Oui !

DODSON.

Je comprends !... (Voyant Jenny Bell qui déroule son papier de musique.) Le mari d'une cantatrice a des devoirs !... je m'en vais... Je viendrai vous avertir au moment où le concert commencera. Vous n'avez rien de plus à m'ordonner? (Apercevant le duc qui entre.) Adieu, milord, adieu, miss Jenny!

(Il sort.)

SCÈNE VII.

JENNY, assise dans un fauteuil à gauche, LE DUC entrant par la droite. Jenny l'aperçoit, se lève; le duc court à elle et la presse dans ses bras.

LE DUC.

Ah! c'est vous, Jenny! quel bonheur de vous rencontrer seule!... Je te dois tout! mon fils a recouvré la raison... il se marie... il épouse ce soir lady Clarence, et jamais je ne pourrai m'acquitter envers toi!

JENNY.

Que vous soyez heureux, mon bienfaiteur, vous et lord Mortimer, c'est là mon seul vœu... (Souriant.) A mon tour, je vous rappellerai...

LE DUC.

Quoi donc?

JENNY.

Le congé dont nous parlions l'autre jour!

LE DUC.

Tu veux quitter Londres?

JENNY.

Dès demain, si c'est possible!

LE DUC.

Et pourquoi?

JENNY, avec embarras.

Pourquoi?... mais à cause de M. Dodson... à qui je compte déclarer que, malgré ma promesse d'hier, je refuse aujourd'hui sa main et sa fortune!

LE DUC.

Et que va-t-il penser?

JENNY, souriant avec ironie.

Il pensera que c'est un caprice! nous en avons tant, nous autres... un de plus, qu'importe? (Avec émotion.) Enfin, tout au monde, plutôt que de l'épouser!

LE DUC, la regardant.

Quelle émotion!... Vois, mon enfant, combien, nous autres hommes, sommes égoïstes... tout entier à mes craintes, à mes chagrins, je n'ai pas une seule fois pensé à toi... je ne me suis pas même informé si le sacrifice que j'exigeais ne blessait pas quelque autre sentiment... si ton cœur était libre... (Mouvement de Jenny.) Pardon!... je vois à ton trouble combien je fus coupable... et toi généreuse!... mais je m'acquitterai... et celui que tu aimes, quel qu'il soit, je te le donnerai, j'en jure sur l'honneur... (Gaiement.) Voyons! parlons de lui!

JENNY.

Nous avons le temps, milord... et en d'autres moments!...

LE DUC.

Non, non, sur-le-champ!...

DUO.

Celui que ton cœur préfère
Doit être digne de toi,
Et celui qui sut te plaire
Doit aussi me plaire, à moi!

JENNY, à part.

O ciel!

LE DUC.

Il est jeune?

JENNY, troublée.

Oui, milord!

LE DUC.
Aimable et tendre?

JENNY, de même.
Oui, milord!

LE DUC.
Tu l'aimes!... et lui plus encor?

JENNY.
Peut-être!

LE DUC, souriant.
C'est certain... d'avance, mon enfant,
Je donne mon consentement !

JENNY.
Vous, milord?

LE DUC.
A l'instant!
Tous les deux de ma famille,
Tous les deux par moi chéris,
Jenny, tu seras ma fille,
Comme lui sera mon fils!

JENNY, se soutenant à peine.
Moi! votre fille!...

LE DUC, la regardant attentivement.
Qu'a-t-elle?

JENNY, à part.
A ce seul mot, malgré moi, je frémis!

Ensemble.

LE DUC, la regardant.
Quel nouveau jour vient m'apparaître!
Rien que son trouble et sa pâleur
De son secret m'ont rendu maître,
Et me font lire dans son cœur!

JENNY, à part.
Secret fatal! funeste flamme!

Pâle de honte et de terreur,
Il faut, sous peine d'être infâme,
Cacher les tourments de mon cœur!

LE DUC, attachant sur elle son regard.

Voyons, ma fille, à moi, ton père,
Dis-moi tout... confiance entière...
Et d'abord, son nom?

JENNY, à part.

Ah! grands dieux!

LE DUC, avec force.

Je veux le savoir! je le veux!

JENNY.

Demain, milord!

LE DUC, à part.

Demain! J'ai lu dans sa pensée,
C'est Mortimer qu'elle aime... et, cruel que j'étais,
J'enfonçai dans son cœur le trait qui l'a blessée;
C'est lui faire payer par trop cher mes bienfaits!

Ensemble.

LE DUC, à part, regardant Jenny.

Pour moi, fille chérie,
Pour moi, son bienfaiteur,
Elle donnait sa vie,
Son repos, son bonheur!
Pour moi, je n'ose y croire...
Elle allait sans retour
Renoncer à la gloire,
Aux beaux-arts, à l'amour!

JENNY, à part.

Que désormais ma vie,
Condamnée aux douleurs,
De mon jeune âge oublie
Les chants consolateurs!
Je ne dois plus vous croire,
Et vous fuis pour toujours;

Adieu, rêves de gloire !
Adieu, rêves d'amour !

LE DUC.

Ah ! je te dois le prix de tant de dévoûment ;
J'ignore si le ciel voudra que je m'acquitte.
Pour le tenter, du moins, un instant je te quitte...
Je vais tout dire au roi... Toi, chante, mon enfant,
Et chante de ton mieux...

Ensemble.

LE DUC.

Par ta douce magie,
Par tes sons enchanteurs,
De la foule ravie
Électrise les cœurs !
Que nouvelle victoire
Couronne dans ce jour
Les talents et la gloire,
Les beaux-arts et l'amour !

JENNY.

Pour mon âme ravie
Charme consolateur
Vient promettre à ma vie,
L'espoir et le bonheur !
A peine j'ose y croire ;
Retrouver en ce jour
Mes doux rêves de gloire
Et mes rêves d'amour !

(Le duc sort vivement par la gauche.)

SCÈNE VIII.

JENNY, seule.

Qu'a-t-il dit ?... quel espoir m'est permis ! moi, sa fille ! (Vivement.) Non, c'est impossible... (Apercevant George, qui entre.) Dieu ! George !

SCÈNE IX.

JENNY, GEORGE.

GEORGE, l'apercevant et poussant un cri.

Ah ! Jenny !... (Avec amertume.) A merveille ! vous voilà joyeuse, rayonnante !

JENNY, avec joie.

Oui, milord ! si vous saviez...

GEORGE, de même.

Vous devez être satisfaite... Mortimer...

JENNY.

Où est-il ?

GEORGE.

Que vous importe ?... Un moment je l'avais aperçu dans la foule... et le flot nous a séparés avant que nous eussions eu à peine le temps d'échanger quelques paroles... mais le peu de mots qu'il a dits m'a suffi pour deviner le projet qu'il médite !

JENNY.

Achevez, de grâce ! je tremble d'effroi !

GEORGE.

Il est bien temps de le plaindre, quand on ne peut plus le sauver !

JENNY.

Que dites-vous ?

GEORGE.

Qu'il est décidé à se tuer pour vous, par amour...

JENNY.

O ciel !

GEORGE.

A qui la faute ?... la tête n'y est plus... il ne pouvait vivre sans vous !

JENNY, avec amour.

Ni moi sans lui !... je l'aime !

GEORGE.

Vous ! vous !... qui l'avez dédaigné, repoussé...

JENNY.

Par l'ordre de son père... mon bienfaiteur !

GEORGE, poussant un cri.

Ah ! et je ne l'avais pas deviné !... (Vivement.) Jenny ! Jenny... je vous rends mon amitié, mon estime !...

JENNY.

Courez donc !... courez !...

GEORGE.

Oui, le ciel me guidera... je le trouverai... je vous le ramènerai... (A part, sortant.) Ah ! puissé-je arriver à temps !

JENNY, seule.

Mort ! mort pour moi !... O mon Dieu ! s'il était vrai !... Ah ! et le concert qui va commencer !...

SCÈNE X.

JENNY, puis DODSON, Seigneurs et Dames de la cour; ensuite MORTIMER, GEORGE et enfin LE DUC.

FINALE.

JENNY.

Chanter !... ô terreurs !
Chanter ! quand je meurs
De trouble et d'effroi !
Mon Dieu, veillez sur moi !
Mon Dieu, cachez-leur
L'horrible douleur

Qui brise à la fois
Mon cœur et ma voix!
(Regardant autour d'elle.)
Il ne vient pas,
Il ne paraît pas!
Vainement... je le cherche, hélas!
Et trouver des chants joyeux
Quand des pleurs coulent de mes yeux!

Chanter! ô terreurs! etc.
(Pendant le morceau précédent, des dames, des seigneurs sont entrés peu
à peu par le fond.)

DODSON, entrant vivement et s'adressant à Jenny.
Leurs Majestés arrivent... l'on commence!
(A demi-voix.)
Et je vous prie, au nom du corps municipal,
De nous donner d'abord un air de circonstance,
(Lui remettant un papier.)
Rule Britannia! le chant national!

LE CHŒUR.
Hourrey pour l'Angleterre!
Plaisirs! gaîté! joyeux refrains!
Que la cité se montre fière
De recevoir ses souverains!

DODSON.
Quel éclat notre fête offre aux yeux éblouis!
(Regardant du côté de la coulisse à gauche.)
Que de noms glorieux... de titres j'enregistre!
Et la reine et le roi, dans leur tribune assis!
(Regardant toujours.)
Et derrière eux le duc d'Oldobrough, le ministre!
(Regardant encore.)
Son collègue le duc de Greenwich.

JENNY, à part.
Mais son fils?
Je ne le vois pas paraître!

DODSON, bas à Jenny.

On fait silence... commencez.

JENNY, à part.

Chanter! quand il se meurt peut-être!
Et quand d'horreur tous mes sens sont glacés!

(A haute voix, se soutenant à peine.)

« Sur un fragile esquif, battu par la tempête...

(Son émotion redouble.)

« Un pauvre et jeune pêcheur,
« Mourant d'effroi, luttait sur les flots en fureur;
« L'abîme est sous ses pieds! la foudre est sur sa tête!

(Sa voix s'affaiblit peu à peu.)

« Pourtant... il chante encore... il chante... »

(En ce moment Mortimer paraît au haut de l'escalier à gauche, conduit par George. Jenny l'aperçoit et pousse un cri de joie.)

Ah! Dieu sauveur!

(Elle se ranime tout à coup et chante avec force le thème de *Rule Britannia*.)

« O mon pays! terre en lauriers féconde,
« Quand tu sortis du sein de l'onde,
« Le dieu des mers, soudain,
« Son trident à la main,
« Proclama ton destin!
« Que l'Angleterre
« S'élève libre et fière!
« Reine des flots,
« Terre des héros! »

(Pendant la première variation de cet air, Mortimer et George ont fendu la foule et paraissent sur le devant du théâtre, à droite, regardant Jenny dont ils n'osent approcher.)

LE CHŒUR.

Ah! quel talent que celui-là!
Brava! brava!

(Dodson s'incline et salue en guise de remerciment. Pendant les applaudissements et sur la ritournelle de l'air, qui est censé continuer, le duc paraît, entrant par la gauche.)

LE DUC, à voix haute et s'adressant à Jenny.

J'apporte ici les compliments

De notre souverain, ravi de vos accents!
(S'approchant de Jenny et à voix basse.)
Oui, le duc, mon collègue, et la reine et le roi
Que tu tiens sous le charme... ont tout appris par moi!
Ils approuvent!
(A George.)
Clarence est à vous!
(A Jenny.)
Et ta main
(Montrant Mortimer.)
Est à lui... ma fille!...

GEORGE, MORTIMER, JENNY, poussant un cri.

Ah!

LE DUC, à demi-voix.

Oui, ma fille... à demain!...
Ton roi t'écoute!

JENNY.

Gloire à Dieu qui m'exauça!
Mon chant reconnaissant vers lui s'élèvera!
Ah! ah! ah! ah!

Ensemble.

DODSON.

Ah! quelle femme j'aurai là!

LE CHŒUR.

Brava! brava! brava!

JENNY.

Ah! ah! ah! ah!
Ah! ah! ah! ah!
Ah! ah! ah! ah!

LE DUC, à Mortimer, lui montrant Jenny.

Oui, ta femme, la voilà!

MORTIMER.
A vous mon cœur la devra !

GEORGE, gaiement.
Et Clarence m'appartiendra !
(Le chœur applaudit, et Dodson s'incline encore au moment où la toile
(baisse.)

MANON LESCAUT

OPÉRA-COMIQUE EN TROIS ACTES

MUSIQUE DE D.-F.-E. AUBER.

THÉATRE DE L'OPÉRA-COMIQUE. — 23 Février 1856.

PERSONNAGES.	ACTEURS.
DESGRIEUX................................	MM. Puget.
LE MARQUIS D'HÉRIGNY............	Faure.
LESCAUT, cousin de Manon............	Beckers.
GERVAIS, fiancé de Marguerite.........	Jourdan.
M. DUROZEAU, commissaire du quartier....	Lemaire.
UN SERGENT...............................	Duvernoy.
UN BOURGEOIS............................	Chapron.
RENAUD, inspecteur des détenus.........	Nathan.
MANON LESCAUT........................	Mmes Marie Cabel.
MARGUERITE, jeune ouvrière, amie de Manon.	Lemercier.
Mme BANCELIN, maîtresse d'un cabaret, boulevard du Temple....................	Félix.
ZABY, jeune esclave nègre...............	Bélia.

Aux premier et deuxième actes : Seigneurs de la Cour. — Bourgeois et Bourgeoises du boulevard du Temple. — Soldats aux gardes. — Soldats du guet. — Ouvriers et Ouvrières. — Domestiques. — Au troisième acte : Habitants de la Nouvelle-Orléans. — Colons. — Nègres. — Négresses. — Soldats Coloniaux, etc.

A Paris, aux deux premiers actes ; à la Nouvelle-Orléans, et dans les déserts de la Louisiane, au troisième acte.

MANON LESCAUT

ACTE PREMIER

Premier tableau.

Une mansarde. — Porte à gauche du spectateur ; à droite, sur le premier plan, une table, deux chaises.

SCÈNE PREMIÈRE.

LESCAUT, puis LE MARQUIS.

LESCAUT, après avoir frappé plusieurs fois, entr'ouvrant la porte.

On ne répond pas ! la clef est à la serrure... je pense, monsieur le marquis, que nous pouvons entrer.

LE MARQUIS, entrant.

Personne, et la porte ouverte ! il faut que les habitants de cette mansarde soient bien confiants.

LESCAUT.

Ou n'aient rien qu'on puisse voler ! c'est comme chez moi ! je me croirais ici dans mon hôtel !

LE MARQUIS.

Personne à qui s'adresser... et nous aurons encore perdu les traces de ma gentille grisette.

LESCAUT.

Non, mon colonel... je crois être sûr de mon fait... vous me connaissez?

LE MARQUIS.

Le plus mauvais sujet de mon régiment... mais actif, adroit, plein d'entregent et de génie pour mal faire.

LESCAUT.

Mon colonel me flatte.

LE MARQUIS.

Du reste, ivrogne, ferrailleur, joueur!

LESCAUT.

Et gentilhomme!... Mon père, Boniface de Lescaut, que le malheur des temps avait réduit à être huissier à Amiens, était d'une noblesse d'épée qui remonte aux croisades.

LE MARQUIS, s'asseyant sur une chaise, près de la table, à droite.

Je le veux bien!

LESCAUT.

Et c'est pour relever l'éclat de mon blason que je me suis engagé soldat...

LE MARQUIS.

Peu m'importe!... pourvu que tu me serves comme tu me l'as promis...

LESCAUT.

Un gentilhomme n'a que sa parole! « Lescaut, m'avez-vous dit, vingt pistoles pour toi si tu me découvres, rue Saint-Jacques, la demeure d'une jolie fille dont je raffole... et que j'ai rencontrée pour la première fois rue de la Ferronnerie, vis-à-vis un magasin de modes... » Pas d'autres renseignements!

LE MARQUIS.
Et le signalement exact que je t'ai donné.

LESCAUT.
Charmante, séduisante, piquante !... Signalement d'amoureux... elles se ressemblent toutes... et malgré cela je crois être sur la trace; mais ce qu'il me faudrait, monsieur le marquis, ce sont les détails circonstanciés de l'anecdote.

LE MARQUIS.
A quoi bon?

LESCAUT.
Pour savoir, avant d'aller plus loin... si mon honneur de gentilhomme me permet de m'embarquer dans une telle aventure...

LE MARQUIS.
Je croyais t'avoir dit vingt pistoles?

LESCAUT.
J'ai bien entendu.

LE MARQUIS, souriant.
C'est là, je pense... le côté moral.

LESCAUT.
Il se peut que ma moralité exige davantage!

LE MARQUIS, riant.
C'est différent... (Se levant.) Avant-hier... mon cocher qui, e crois, était gris...

LESCAUT.
Je parierais pour!... je le connais!

LE MARQUIS, souriant.
Tu l'admets à l'honneur de trinquer avec toi!... Mon cocher avait renversé, près d'une boutique de modes, une jeune fille immobile d'admiration devant un bonnet rose! Aux cris d'effroi que j'entends, je m'élance de la voiture... je prends la pauvre enfant dans mes bras, et la fais entrer,

à moitié évanouie, dans la boutique, où l'on s'empresse autour d'elle... et quand elle eut repris ses couleurs...

AIR.

Vermeille et fraîche,
C'était de la pêche
Le doux incarnat !
La rose nouvelle
Placée auprès d'elle,
Aurait moins d'éclat !

Par mon ordre, en peu d'instants
Sa cornette chiffonnée,
Sa robe par sa chute et noircie et fanée,
Se changent en vêtements
Elégants !
Y compris, et pour cause,
Le joli bonnet rose,
Bonnet fatal,
Cause heureuse de tout le mal !

Qu'elle était belle alors !

Vermeille et fraîche, etc.

Non jamais les duchesses,
Qui règnent en maîtresses
Au palais de nos rois,
N'auront de ma grisette
Ni la grâce coquette
Ni le piquant minois !

LESCAUT.

Je comprends, mon colonel.

LE MARQUIS.

Ce que tu ne pourrais comprendre... c'est la joie de cette jeune fille en se voyant si belle ; c'était un ravissement si vrai, si naïf, que je restais en extase devant son bonheur ! « Dans une pareille toilette, m'écriai-je, vous ne pouvez retourner chez vous à pied, voulez-vous me permettre de vous reconduire ? — Bien volontiers. » Et nous voilà assis sur les coussins de ma voiture, elle radieuse et séduisante; moi, admirant sa grâce, son esprit, son babil... « Où vous conduirai-je, mademoiselle? — Rue Saint-Jacques. — Et le numéro? — Le numéro?... j'arrive à Paris, je l'ai oublié; c'est égal... allez toujours, je reconnaîtrai la maison. — La rue est longue... — Tant mieux... je serai plus longtemps en voiture... — Et moi, mademoiselle, plus longtemps près de vous! » Et, dans ce boudoir roulant, près de cette jeune fille folle et rieuse, dont la gaîté m'enhardissait, impossible de ne pas parler d'amour!

LESCAUT, chantant.

Aisément cela se peut croire.

LE MARQUIS.

Mais d'un amour que je ressentais réellement et qu'elle écoutait à peine!... distraite, préoccupée par tous les objets extérieurs... « Ah! regardez donc, monsieur, comme c'est éclatant, éblouissant, ces beaux magasins... — Oui, mademoiselle, ceux d'un joaillier! il y a là telle parure qui, j'en suis sûr, vous irait à merveille et vous rendrait plus belle encore, si c'est possible... le voulez-vous? — Si je veux être belle?... eh! mais... — Cocher, arrêtez!... dans l'instant, mademoiselle, je suis à vous! » Et je descends, laissant mon cocher sur le siège et ma nouvelle conquête dans ma voiture... je dis ma conquête, car ses yeux... brillants de joie, d'émotion... et de reconnaissance, promettaient plus que de l'espoir... et le cœur me battait pendant que je choisissais pour elle à la hâte des boucles d'oreilles... des bracelets, un collier, jouissant d'avance de sa surprise et ne me doutant guère de celle qui m'attendait! Ma piquante grisette n'était plus là! disparue!... évanouie!... comme une sylphide, une fée qu'elle était, et mon cocher, endormi sur son siège, n'avait rien vu! Depuis ce jour-là je ne rêve qu'à elle!... je la vois partout et ne la rencontre nulle part. Voilà mon histoire.

LESCAUT.

Laquelle n'offre rien jusqu'ici dont la susceptibilité d'un gentilhomme puisse être blessée ! Moi, de mon côté, voici ce que j'ai fait : depuis avant-hier que je bats le pavé de Paris, je n'avais rien découvert, moi, répandu comme je le suis, ayant des relations avec le guet, et même avec monsieur le lieutenant de police, par les maisons de jeu que je fréquente habituellement... c'était à confondre !... lorsque passant, ce matin, rue de la Ferronnerie... j'entre dans le magasin où s'est passé le premier chapitre de votre roman... Madame Duflos, femme très-distinguée... la marchande de modes...

LE MARQUIS.

Tu la connais?

LESCAUT.

Je les connais toutes !... Madame Duflos... qui cause très-volontiers, me raconte, entre autres détails, votre histoire... dont elle ignorait le héros et l'héroïne; mais elle avait trouvé dans la poche de la robe d'indienne... laissée chez elle...

LE MARQUIS.

C'est vrai...

LESCAUT.

Un papier appartenant à mademoiselle Manon...

LE MARQUIS.

Manon !... quel joli nom...

LESCAUT.

N'est-ce pas?

LE MARQUIS, avec jalousie.

Une lettre d'amour, peut-être ?

LESCAUT.

Non! une sommation adressée à mademoiselle Manon...

rue Saint-Jacques, n° 443... sommation de payer un demi-terme d'avance !

LE MARQUIS, souriant.

Preuve que Manon n'est pas aussi riche que jolie !

LESCAUT.

Quel malheur !

LE MARQUIS, vivement.

Quel bonheur, au contraire !

LESCAUT.

C'est juste... rue Saint-Jacques, 443, tout au haut de la rue... le sixième étage de la maison, toujours au plus haut... le domicile des anges... Nous y voici ! l'ange a déployé ses ailes, il s'est envolé, cela lui arrive souvent... attendons son retour.

LE MARQUIS, à qui Lescaut vient d'avancer une chaise à gauche, s'assied.

Attendons ! car cette fille-là me fait perdre la tête... cela ne ressemble en rien aux beautés pour lesquelles nous nous ruinons d'ordinaire, nous autres grands seigneurs. Je suis riche, et maître de ma fortune, et les folies que je ferai pour elle, chacun les approuvera; (Souriant.) excepté la marquise ma mère qui est une sainte femme... et j'aurai l'ennui de quelques sermons...

LESCAUT.

Écoutez !... que vous disais-je ? on vient... c'est elle.

(Le marquis et Lescaut remontent le théâtre et se tiennent à l'écart au fond à gauche, près de la porte.)

SCÈNE II.

Les mêmes; MARGUERITE, tenant une robe sur le bras, et entrant sans voir le marquis et Lescaut.

MARGUERITE, se dirigeant vers la table à droite, où elle déploie la robe.

Ma voisine! ma voisine! mam'zelle Manon!...

LE MARQUIS, avec découragement.

Ce n'est pas elle!

LESCAUT, à demi-voix.

N'importe! une voisine... on peut aller aux informations.

LE MARQUIS, de même.

Tu as raison.

MARGUERITE, se retournant.

Deux hommes... chez mademoiselle Manon! (Le marquis s'avance et la salue.) O ciel!... monsieur le marquis d'Hérigny!...

LESCAUT, passant à gauche.

Vous êtes connu... mon colonel!

MARGUERITE.

Et ma noble protectrice, madame la marquise, votre mère, qui a été si malade?

LE MARQUIS, avec embarras.

Merci, mon enfant, merci... hors de danger! je célèbre demain sa convalescence...

MARGUERITE.

Et elle vous envoie... pour la remplacer!... vous venez comme elle visiter les mansardes..

LESCAUT.

Et y distribuer de l'or... précisément!

LE MARQUIS, à Lescaut avec honte.

Tais-toi! (Regardant Marguerite.) Mais voilà des traits qui ne me sont pas inconnus... où t'ai-je vue, ma jolie fille?

MARGUERITE.

Ah! monsieur le marquis a peu de mémoire, ou il lui arrive souvent des aventures pareilles! Marguerite, pauvre ouvrière qui, il y a deux ans, travaillait en journée au château de madame la marquise, et monsieur le marquis...

LE MARQUIS, l'interrompant.

Bien! bien! je me rappelle maintenant.

MARGUERITE, continuant.

Qui, dans les intervalles de la chasse ne savait à quoi s'occuper... s'était mis à me faire la cour... pour passer le temps. Parce qu'on plaisante et qu'on aime à rire, monsieur le marquis s'était persuadé, comme beaucoup d'autres, qu'une vertu gaie et de bonne humeur est une vertu pour rire... Erreur!

LE MARQUIS.

C'est vrai... à telles enseignes que tu n'as pas voulu m'écouter!

MARGUERITE, faisant la révérence, en riant.

J'ai eu cet honneur.

LE MARQUIS.

Une brave fille, vertueuse en diable!

LESCAUT.

Cela vous changeait!

MARGUERITE.

Je dois dire aussi que monsieur le marquis ne m'en a pas voulu; au contraire, car il a du bon! il a tout raconté à sa mère.

LE MARQUIS.

Qui, vu la rareté du fait, a pris Marguerite en amitié...

MARGUERITE.

M'a donné de l'ouvrage, sa pratique, celle de quelques grandes dames, et j'ai établi dans cette maison, sur le palier en face, un atelier de couture, où mon aiguille est au service de monsieur le marquis (Saluant.) et de sa société.

LE MARQUIS.

Ce n'est pas de refus.

LESCAUT, à demi-voix au marquis.

Elle est piquante, la jeune ouvrière, et si ce n'étaient ses principes et ses six étages...

LE MARQUIS, de même, à Lescaut.

Oui! c'est trop élevé pour toi! (Haut à Marguerite.) Mais dis-moi, Marguerite, toi à qui l'on peut se fier, toi qui ne mens jamais, pourrais-tu me donner des renseignements?... je te demande cela...

MARGUERITE.

De la part de votre mère?

(Allant chercher une chaise qu'elle offre au marquis.)

LE MARQUIS, s'asseyant à droite.

Oui, sur une jeune personne qui demeure ici.

MARGUERITE.

Mademoiselle Manon, ma voisine?

LESCAUT.

Précisément.

MARGUERITE.

Ah! la gentille! l'adorable fille!... quel dommage...

LE MARQUIS, vivement.

Quoi donc?...

MARGUERITE.

Il y a des destinées qu'on ne peut vaincre! Imaginez-vous qu'arrivée récemment de sa province en robe d'indienne, en cornette blanche, un petit paquet sous le bras... c'était tout son bagage... on voulait la renvoyer de cette mansarde pour quelques jours de loyer qu'elle devait déjà... Dame... vous jugez bien...

LE MARQUIS.

Que tu as payé pour elle ?

MARGUERITE.

Certainement ! ce qui nous a liées ensemble... Orpheline, sans fortune, on la destinait au couvent... qui ne lui plaisait guère, et le jour même où elle devait y entrer, elle rencontra un jeune et honnête gentilhomme de bonne maison... Il fallait que ce fût écrit là-haut... car du premier coup d'œil tous les deux s'aiment, s'adorent, jurent de ne jamais se séparer...

LE MARQUIS, à part.

Ah ! mon Dieu !

MARGUERITE.

Et de partir pour Paris.

LE MARQUIS.

Ensemble ?

MARGUERITE.

Non ; elle était arrivée la première avec six livres tournois dans sa poche, et il y a deux ou trois jours j'entends rire et chanter dans la mansarde... c'était lui.

LE MARQUIS.

Qui, lui ?

MARGUERITE.

Le chevalier, son frère, son ami, que sa famille avait voulu retenir prisonnier, et qui s'était échappé aussi de sa province... un beau et grand cavalier, ma foi.

LE MARQUIS.

Et de son état, quel est-il ?

MARGUERITE.

Amoureux... comme un enragé !

14.

LESCAUT.

Que fait-il ?

MARGUERITE.

Rien que d'aimer.

LE MARQUIS.

Et elle ?

MARGUERITE.

Elle aussi ! ne songeant ni au malheur, ni aux dangers, ni au lendemain... enfin pas le sens commun, c'est à mettre en colère contre eux !... et dès qu'on les voit, dès qu'on les entend, on n'a pas la force de leur en vouloir ! vous-même, monsieur le marquis... vous leur pardonneriez !

LE MARQUIS, se levant et marchant avec colère.

Moi... jamais !

MARGUERITE.

Ils se marieront ! quand ils le pourront... mais le chevalier Desgrieux, qui est de naissance, ne peut espérer le consentement de son père...

LE MARQUIS.

Un honnête homme de père !

MARGUERITE.

Qui ne veut pas lui envoyer d'argent.

LE MARQUIS.

Il a raison !

MARGUERITE, souriant.

Oh ! oh ! comme vous êtes devenu sévère ! le pauvre garçon n'a pour toute ressource qu'une montre entourée de brillants qui lui vient de sa mère et que Manon ne veut pas lui permettre de vendre...

(Elle va replacer près de la table, la chaise que le marquis vient de quitter.)

LESCAUT, bas, au marquis.

A merveille! l'amour à jeun... ne peut se soutenir longtemps...

LE MARQUIS.

Cela ne peut pas durer... Manon ne peut pas rester dans cette mansarde...

LESCAUT.

Nous l'enlèverons plutôt... dans l'intérêt de la morale.

MARGUERITE, près de la table.

Comment! l'enlever?

LE MARQUIS.

Oui... car je suis furieux de ce que j'apprends.

MARGUERITE.

Et moi j'y vois clair! ce n'est point pour madame la marquise que vous prenez des renseignements, c'est pour vous-même, monseigneur.

LE MARQUIS.

Eh bien! oui, c'est plus fort que moi, j'en perds la tête.

MARGUERITE, souriant.

Juste ce que vous me disiez!

LE MARQUIS.

Je n'espère qu'en toi, Marguerite... si tu veux me protéger... me servir...

MARGUERITE.

Allons donc! me laisser séduire pour une autre, moi qui ai résisté pour mon compte, non pas! et avec tout le respect que je vous dois, je vous prie, monsieur le marquis, de renoncer à vos desseins sur mademoiselle Lescaut.

LESCAUT, poussant un cri.

Lescaut... dites-vous?

MARGUERITE.

Oui, monsieur! elle a des amis, des protecteurs... elle est d'une honnête famille... une famille d'Amiens...

LESCAUT.

D'Amiens!

MARGUERITE.

D'où elle arrive...

LESCAUT.

Ah! mon Dieu! (Bas, au marquis.) Monsieur le marquis, allons-nous-en, car nous sommes ici en famille!

LE MARQUIS.

Eh bien?

LESCAUT, toujours à voix basse.

Je ne peux pas enlever mademoiselle Manon qui est ma cousine!

LE MARQUIS, de même.

Je croyais que nous étions convenus de vingt pistoles, et qu'un gentilhomme n'avait que sa parole!

LESCAUT, de même.

Certainement, mais l'honneur de ma maison...

LE MARQUIS, de même et froidement.

Cinquante!

LESCAUT, de même.

Et mes aïeux!...

LE MARQUIS, de même.

Soixante...

LESCAUT, de même.

Mais enfin...

LE MARQUIS, de même.

Cent pistoles!

LESCAUT, de même.

Vous en direz tant!...

LE MARQUIS, de même.

Tais-toi! sortons! (Haut.) Tu le vois, Marguerite, tu l'emportes encore... je cède, je me retire... je bats en retraite devant la vertu.

(Il la salue et sort suivi de Lescaut.)

SCÈNE III.

MARGUERITE, seule et secouant la tête en les regardant sortir.

Belles paroles auxquelles je ne crois pas... car ils ont comploté tous les deux à voix basse! Dans quel temps vivons-nous, mon Dieu! voilà un grand seigneur qui est audacieux, mauvais sujet... et c'est un des meilleurs encore! car au fond il a du cœur, il est aimable, généreux! généreux surtout! ah! les pauvres filles ont bien du mal à être honnêtes! (Soupirant.) Allons! retournons à notre ouvrage, et remettons à demain le service que je voulais demander à mademoiselle Manon... (Allant à la table à droite reprendre la robe qu'elle y a laissée. — On entend chanter en dehors.) Eh!... c'est elle que j'entends.

SCÈNE IV.

MARGUERITE, MANON, avec une touffe de lilas.

MANON.

COUPLETS.

Premier couplet.

Eveillée avec l'aurore,
Je viens des Prés-Saint-Gervais

Cueillir ces lilas si frais
Que Mai vient de faire éclore...
Du printemps qui nous invite
Profitons et vite... et vite...
Un jour voit fleurir, hélas !
La jeunesse et les lilas !
 Tra la, la, la, la, la !
(Elle place des bouquets tout autour de la mansarde.

Deuxième couplet.

Plus doux que le musc et l'ambre,
Ces lilas dans mon grenier
Seront le seul mobilier
Qui garnira notre chambre !
Sa fraîcheur fait son mérite ;
Profitons-en vite et vite !...
Un jour voit passer, hélas !
Le plaisir et les lilas !
 Tra la, la, la, la, la !

MARGUERITE.

Sortir de si grand matin pour cueillir des lilas ! quelle raison, je vous le demande ?

MANON.

Des raisons ? les oiseaux en ont-ils besoin, pour prendre l'air et s'aimer au soleil ?... Tu raisonnes trop, Marguerite...

MARGUERITE.

Et toi, pas assez. (Regardant autour d'elle.) Eh mais, où est donc le chevalier ?

MANON.

Il avait une idée !... un ami qu'il s'est rappelé et qui lui prêtera, dit-il, l'argent dont nous avons besoin.

MARGUERITE.

Ici, à Paris ?...

MANON.

Oui.

MARGUERITE.

Un ami qui prête de l'argent!...

MANON.

Tu ne crois à rien... et moi je crois à tout, c'est là le bonheur! Je suis donc revenue seule... et tu ne sais pas qui je viens de rencontrer dans notre escalier étroit et tortueux... devine!

MARGUERITE.

Deux messieurs, qui sortaient d'ici.

MANON.

Deux beaux messieurs... dont l'un me saute au cou.

MARGUERITE.

Le marquis!...

MANON.

Non! l'autre! « Ah! ma cousine... ma chère cousine; » c'était Lescaut, mon cousin, le fils de Boniface Lescaut, mon oncle d'Amiens qui voulait me faire entrer au couvent; son fils n'est pas dans ces idées-là, au contraire!... comme ça se rencontre! je ne suis plus seule à Paris... et sans répondants, comme le disait le vieux commissaire de notre quartier, monsieur Durozeau. Me voilà une famille! un protecteur!

MARGUERITE, haussant les épaules.

Joliment!

MANON.

Mais oui! mon cousin est un homme d'épée, qui fera toujours respecter l'honneur de la famille... il l'a dit en me présentant au marquis.

MARGUERITE, de même.

Encore mieux! si tu le connaissais, celui-là!...

MANON.

Je le connais, et beaucoup!

MARGUERITE.

Miséricorde!

MANON.

Il m'a menée dans son carrosse.

MARGUERITE.

Toi?...

MANON.

Un carrosse tout étincelant de glaces et de dorure... ah! qu'on y était bien... au fond, à côté de lui!

MARGUERITE.

En tête-à-tête?

MANON.

Non! je te conterai cela... Enfin, j'y étais seule, quand Desgrieux... vois le hasard... Desgrieux qui passait dans la rue, m'aperçoit et pousse un cri! sa figure était pâle, ses lèvres tremblantes... j'ai bien vite sauté à bas de la voiture. « Qu'as-tu, mon chevalier? ne crains rien! je quitterais pour toi les carrosses du roi! viens! viens! » et je l'entraîne en lui disant à la hâte ce qui vient de m'arriver.

MARGUERITE.

Et le marquis?

MANON.

Je l'avais oublié, ainsi que sa voiture!... j'étais à pied!.. mais près du chevalier, près de lui, qui serrait mon bras, qui riait, et nous rentrions à notre mansarde... tous les deux!

MARGUERITE.

Ah! Manon! tu es une drôle de fille! le cœur est bon, mais la tête est folle!

MANON.

Qu'importe?

MARGUERITE.

Il importe que tu agis d'abord, que tu raisonnes après, et que, dans l'intervalle, il peut arriver...

MANON.

Quoi ?...

MARGUERITE.

As-tu jamais pensé à ton avenir avec le chevalier ?

MANON.

Non !

MARGUERITE.

Est-ce que tu ne désires pas être sa femme ?

MANON.

Pourquoi ?

MARGUERITE.

Pour vous aimer toujours.

MANON.

C'est vrai ! Oh ! mais, à quoi bon lui donner une femme qui n'a rien, à lui qui est sans fortune ?

MARGUERITE.

Et s'il cherchait à s'en faire une ? S'il travaillait, et toi aussi ?

MANON.

Moi !... je ne sais pas travailler, cela m'ennuie à périr. Broder ou coudre me donne la migraine.

MARGUERITE.

Que sais-tu donc faire ?

MANON.

Rire, causer, chanter, et râcler de la guitare... quand j'en ai une.

MARGUERITE.

Mais à vivre ainsi, arrive la misère !

MANON.

Tais-toi! ne prononce pas ce mot, il me fait peur.

MARGUERITE.

Le moyen de ne pas en avoir peur, c'est de faire comme moi, de prendre une aiguille. On gagne peu, mais on est sa maîtresse à soi et l'on n'a besoin de personne.

MANON.

C'est possible! Toi, Marguerite, tu es née ouvrière, moi, j'étais née duchesse! L'éclat, le luxe, l'opulence, c'est là mon élément; il me semble que je suis faite pour le satin, les dentelles, les diamants! Et tiens, l'autre jour, en montant dans ce beau carrosse... je n'ai été ni surprise, ni gênée; il me semblait que j'étais chez moi!

MARGUERITE.

Mais avec ces idées-là, tu me fais trembler.

MANON.

En quoi donc?...

MARGUERITE.

Parce qu'elles amènent après elles les regrets, les remords... on brille un instant, et on est malheureuse toute sa vie.

MANON.

Ah! je n'aime pas que l'on me parle ainsi.

MARGUERITE.

Et moi je ne parle ainsi qu'à ceux que j'aime...

MANON.

D'amitié... car tu n'as jamais aimé d'amour.

MARGUERITE.

Qu'en sais-tu?

MANON, gaîment.

Tu aurais un amoureux?

MARGUERITE.

Pourquoi pas?

MANON, de même.

A la bonne heure, au moins!... Raconte-moi cela.

MARGUERITE.

Un brave garçon avec qui j'ai été élevée!... Gervais, qui est au Havre, où il travaille de son côté, comme moi du mien; et quand nous aurons, à force d'économies, amassé un petit trésor, nous nous réunirons pour ne plus nous séparer... nous nous marierons.

MANON.

Pas avant?

MARGUERITE.

Pas avant!

MANON.

C'est du temps perdu!

MARGUERITE.

N'importe!... En attendant, voici une lettre de lui qui m'arrive.

MANON.

Que dit-elle?...

MARGUERITE.

Je venais te le demander... car je sais coudre, moi, mais je ne sais pas lire.

MANON, prenant la lettre.

Donne vite, donne!...

DUO.

MANON, lisant, pendant que Marguerite suit des yeux.

« Ma bonne Marguerite, ô toi mon seul amour,
« Notre petit trésor augmente chaque jour;
« Chaque sou que je gagne avanc' not' mariage.

« Pour toi... pour nos enfants... j' travaille avec courage !... »

MARGUERITE.

Ce bon Gervais !

MANON, avec émotion.

Je comprends ! je comprends !

(Continuant à lire pendant que Marguerite passe un de ses bras autour du cou de Manon.)

« Tu m'as donné l'exemple... et mon cœur qui t'adore
« Comme une honnête fille et t'estime et t'honore !
« Et l'on doit être heureux et bien fier, je le sens,
« D'aimer et d'estimer la mèr' de ses enfants. »

(Manon baisse la tête et laisse tomber la lettre que Marguerite ramasse.)

MARGUERITE, se rapprochant de Manon, et à demi-voix.

Pour que l'amour, ce bien suprême,
Au logis puisse demeurer,
Il faut de celui que l'on aime
Avant tout se faire honorer !

MANON, avec émotion.

Pour que l'amour, ce bien suprême,
Au logis puisse demeurer,
Il faut de celui que l'on aime
Avant tout se faire honorer !

MARGUERITE.

Il en est toujours temps ! courage !... du courage !
Viens avec moi ! viens travailler aussi !

MANON, hésitant.

Oui... oui... je te promets... de me mettre à l'ouvrage.

MARGUERITE.

Quand cela ?

MANON.

Dès demain !

MARGUERITE.

Non pas ! dès aujourd'hui !

(Lui montrant la robe qu'elle a posée en entrant sur une chaise.)

Vois ce manteau de cour, qu'à ce riche corsage
Il faut coudre...

(Fouillant dans sa poche.)

Voilà, pour toi, du fil... un dé!

(Lui montrant la table à droite.)

Assieds-toi là! commence!

MANON, s'asseyant.

Allons! c'est décidé!
Mais c'est bien ennuyeux!

MARGUERITE.

Non pas! non pas!
Tu le verras!
Avec l'aiguille
Qui va toujours,
La jeune fille
Rêve aux amours!
Son cœur y pense
En travaillant!
L'ouvrage avance
En fredonnant!
Tra, la, la, la, la, la!
En fredonnant
Un nom charmant,
Le nom de son amant!

MANON.

Bien vrai?

MARGUERITE.

Bien vrai!

MANON.

Allons! j'en veux faire l'essai!

MARGUERITE et MANON.

Avec l'aiguille,
Qui va toujours,
La jeune fille
Rêve aux amours!
Son cœur y pense

En travaillant.
L'ouvrage avance
En fredonnant :
Tra, la, la, la, la !

(Marguerite sort par la porte du fond.)

SCÈNE V.

MANON, seule, assise près de la table et travaillant.

Tra, la, la, la, la, la, la, la, la !

AIR.

Marguerite a raison ! il faut, prudente et sage,
Tra, la, la, la, la, la, la, la, la !
Devenir femme de ménage !
Et travailler !...

(S'arrêtant.)

Ah ! ce dé trop étroit
Ne me va pas, et semble rude
A mon doigt !...

(L'ôtant de son doigt qu'elle regarde.)

A ce joli doigt
Qui n'en a pas l'habitude !

(Le remettant.)

Mais j'ai promis... c'est sérieux,
Et je jure, quoi que l'on fasse,
Que la sagesse... Allons, voilà mon fil qui casse...
Que la sagesse... et puis l'ordre et la vertu !... Dieux !
Que c'est ennuyeux
De coudre et d'attacher cette vilaine jupe !

(La regardant.)

Vilaine !... mais pas tant !...

(La regardant toujours.)

Un point me préoccupe :

Je crois que ce manteau de cour m'irait...
(Haussant les épaules.)
Allons!

Il serait trop grand!
(Regardant autour d'elle.)
Bah !... je suis seule !... essayons !
(Elle défait son casaquin et attache le manteau autour de sa taille.)

Vous, que cette parure exquise
Peut-être devait embellir,
Pardon, madame la marquise,
D'oser, avant vous, m'en servir!
Mais, si vous l'avez commandée
Comme un talisman séducteur,
En l'essayant, moi, j'ai l'idée
Que je lui porterai bonheur!

(Elle se regarde en marchant.)

Eh oui! ce n'est vraiment pas mal!
La belle jupe!... ah! quel dommage
De n'avoir pas un petit page
Pour la porter... Mais c'est égal!...

Les dames de Versailles,
Soit dit sans vanité,
N'ont pas plus noble taille,
Ni plus de dignité!
Pour moi, j'ignore comme
On leur parle d'amour...
Mais... mais si j'étais homme,
Je me ferais la cour!
O bonheur!... ô délire!
Quel chagrin de n'avoir
Personne qui m'admire,
Personne pour me voir!
Pas même de miroir...
Mais... mais...
Je m'y connais...

Les dames de Versailles, etc.

(Elle a pris le corsage qu'elle va essayer.)

SCÈNE VI.

MANON, DESGRIEUX, entrant par la porte du fond.

MANON, se couvrant les épaules avec ses mains.

Qui vient là? Ah! c'est toi, chevalier?

DESGRIEUX.

Oui, Manon... moi qui reviens près de toi et le plus heureux des hommes.

MANON.

De bonnes nouvelles? Raconte-moi cela!

DESGRIEUX.

Tu sauras donc... que depuis que je t'ai quittée... (La regardant.) Ah! Manon, que tu as de jolies épaules!

MANON.

Belles nouvelles! et si tu n'en as pas d'autres...

DESGRIEUX.

Si vraiment... Mais qu'est-ce que je vois là?

MANON.

Une robe que je fais... il faut bien l'essayer! une robe de duchesse! Elle me va bien, n'est-ce pas?

DESGRIEUX.

Ah! tu es charmante ainsi!

MANON.

C'est ce que je me disais. Par malheur... il faut quitter tout cela et reprendre mon casaquin d'indienne... Aide-moi donc.

DESGRIEUX.

Et pourquoi renoncer à cette belle parure?

MANON.

Parce que cela ne m'appartient pas.

DESGRIEUX.

Je te l'achète !... je te la donne... celle-là ou une autre pareille.

MANON.

Toi, mon chevalier?

DESGRIEUX.

Je suis riche !

MANON.

Ah! que tu es gentil! que tu es aimable!

DESGRIEUX.

Six cents livres dans cette bourse! Tiens, prends! c'est à toi.

MANON.

C'est à nous! C'est l'ami dont tu me parlais qui te les a prêtées?

DESGRIEUX.

Mieux que cela!

MANON, étonnée.

Comment?

DESGRIEUX, avec embarras.

Je veux dire que c'est mon bien... une somme qu'il me devait et qu'il m'a rendue.

MANON.

C'est très-bien à lui! Mais six cents livres... qu'est-ce que nous ferons de tout cela?

DESGRIEUX.

D'abord, nous achetons une belle robe.

MANON, étourdiment.

C'est fait! c'est fini!... mais après?

13.

DESGRIEUX.

Vois toi-même...

MANON.

Voilà une heure que je travaille! il faut bien se reposer un peu.

DESGRIEUX.

C'est trop juste!

MANON.

Si nous allions dîner tous les deux...

DESGRIEUX.

Au boulevard du Temple!

MANON.

Comme les seigneurs et les grandes dames.

DESGRIEUX.

Au Cadran Bleu?

MANON.

Ou chez Bancelin.

DESGRIEUX.

En tête-à-tête?...

MANON.

Oui, ce sera amusant... Mais il serait peut-être mieux d'inviter notre voisine, la petite Marguerite, qui est si bonne pour nous?

DESGRIEUX.

C'est vrai!... mais j'aimais mieux le tête-à-tête.

MANON.

Bah!... Voyons, chevalier, ne fais pas la moue! il ne faut pas être égoïste.

DESGRIEUX.

Je comprends bien... mais un tiers... c'est ennuyeux.

MANON, gaiement.

Tu as raison!... Si nous invitions non-seulement Marguerite, mais ses jeunes ouvrières...

DESGRIEUX.

C'est une idée!... Elles sont dix pour le moins.

MANON.

Et bavardes!... Nous causerons, nous rirons!

DESGRIEUX.

Quel tapage! ce sera charmant!... Va les inviter.

MANON.

Mieux que cela, allons-y tous deux.

DESGRIEUX.

Mais avant tout, embrasse-moi.

MANON, tendant la joue.

C'est trop juste!

SCÈNE VII.

MANON, DESGRIEUX, LESCAUT, paraissant à la porte du fond au moment où Desgrieux embrasse Manon.

TRIO.

LESCAUT, à part.

Mânes de mes aïeux!... ma vue
Serait-elle donc en défaut?

DESGRIEUX, apercevant Lescaut.

Quel est donc ce monsieur?

MANON, courant à lui.

C'est mon cousin Lescaut!

DESGRIEUX, s'avançant.

Dont je veux avec vous fêter la bienvenue!

MANON, présentant Lescaut à Desgrieux.
Soldat aux gardes !...

DESGRIEUX.
C'est très-bien !

LESCAUT, relevant sa moustache.
Et gentilhomme !

DESGRIEUX.
Eh ! mais cela ne gâte rien !

LESCAUT, le poing sur la hanche.
Et je venais, monsieur, à ce sujet,
Pour une affaire...

DESGRIEUX, cordialement.
Je suis prêt
A vous servir !... à vous mon bras et mon épée !
Mais nous devons dîner tantôt au Cadran Bleu !...

MANON.
Ou bien chez Bancelin !

DESGRIEUX, lui tendant la main.
Venez-y...

LESCAUT, à part et hésitant.
Ventrebleu !

DESGRIEUX.
Notre attente par vous ne sera pas trompée !

LESCAUT, avec embarras.
Mais, monsieur...

DESGRIEUX.
Il le faut ! sans façons... en ami !
C'est accepté ?

LESCAUT, à part.
Moi qui venais ici
Pour lui chercher querelle !... Après cela l'on dîne !...
Et l'on s'explique après !...

(Haut.)
Vous dites... un dîné
Chez Bancelin?

DESGRIEUX.
Avec votre cousine.
Quinze couverts!

LESCAUT.
Un bon dîné?
L'avez-vous ordonné?

DESGRIEUX.
Pas encor!

LESCAUT.
Je m'en charge!

DESGRIEUX.
Ainsi donc, touchez là!

LESCAUT, à part.
Il ont l'air opulent!

DESGRIEUX, lui prenant la main.
Touchez là.

LESCAUT.
Touchez là!
(A part.)
Dînons d'abord! et plus tard, on verra!

Ensemble.

MANON, DESGRIEUX et LESCAUT.
Doux liens de la famille,
Voix du sang qui parle au cœur,
C'est par vous qu'à nos yeux brille
Le vrai bien, le vrai bonheur!

MANON.
Ah! quelle ivresse l'on éprouve!...

LESCAUT, lui prenant la main.
Près de parents jeunes... ou vieux.

DESGRIEUX.
Qu'avec plaisir on les retrouve!
LESCAUT, lui donnant une poignée de main.
Et surtout quand ils sont heureux!

Ensemble.

MANON, DESGRIEUX et LESCAUT.
Doux liens de la famille,
Voix du sang, qui parle au cœur,
C'est par vous qu'à nos yeux brille
Le vrai bien, le vrai bonheur!

Le plaisir nous rassemble,
Nous trinquerons ensemble
Au son des gais refrains!
Buvons à nos voisines,
Et vivent les cousines,
Et vivent les cousins!

LESCAUT.
Le repas, à quelle heure?

MANON.
A midi!

LESCAUT.
C'est l'usage!

(A Desgrieux.)
Quelle heure avons-nous?

DESGRIEUX, avec embarras.
Mais je ne sais...

LESCAUT, à part.
Je comprends
La dernière ressource... oui, la montre aux brillants,
Vendue ou mise en gage!
Il n'importe!
(Haut.)
A tantôt! Midi, chez Bancelin!
Je me charge de tout!

MANON.

Grand merci, mon cousin!

Ensemble.

MANON, DESGRIEUX et LESCAUT.

Le plaisir nous rassemble,
Nous trinquerons ensemble,
Et prendrons pour refrains :
Buvons à nos voisines,
Et vivent les cousines,
Et vivent les cousins!

(Ils sortent tous trois par le fond.)

Deuxième tableau.

Le boulevard du Temple. Le jardin de Bancelin est au bord du boulevard; au fond est sa maison, et au premier, le grand salon dont les fenêtres sont ouvertes. A gauche, sur le boulevard, un sergent et des soldats boivent devant la porte d'un estaminet. A droite, des bourgeois dînent en plein air près de leurs femmes, dans le jardin de Bancelin. Madame Bancelin va et vient et fait servir les différentes tables. — Dans le salon au premier, dont les fenêtres sont ouvertes, on entend Manon, Marguerite, ses compagnes et Desgrieux chanter en chœur, ainsi que les soldats à gauche et les bourgeois à droite.)

SCÈNE VIII.

MANON, DESGRIEUX, MARGUERITE, Mme BANCELIN, UN SERGENT, SOLDATS, BOURGEOIS et BOURGEOISES, OUVRIERS et OUVRIÈRES; puis M. DUROZEAU et LESCAUT.

LE CHŒUR.

C'est à la guinguette
Que l'amour nous guette!
L'amour en goguette
Chancelle aisément!

Amant et grisette,
Que chacun répète :
Vivent la guinguette,
Le vin blanc
Et le sentiment !

UN OUVRIER.

Où l'ouvrier, le dimanche,
Trouve-t-il joie et repos,
Le plaisir, l'amitié franche,
Et l'oubli de tous ses maux ?
C'est à la guinguette !...

TOUS, en chœur.

C'est à la guinguette, etc.

Mme BANCELIN.

Où règne la gaîté folle
Avec ses joyeux éclats ?

LE SERGENT, à gauche.

Où le sergent qui raccole,
Trouve-t-il nouveaux soldats ?
C'est à la guinguette !

Mme BANCELIN.

C'est à la guinguette !

MANON, seule au fond.

C'est à la guinguette...

TOUS, en chœur.

C'est à la guinguette, etc.

(M. Durozeau vient de s'asseoir à droite, devant une petite table ; madame Bancelin s'empresse de lui servir une bouteille de bière. En ce moment, et venant du boulevard à gauche, Lescaut entre en rêvant. Il donne une poignée de main au sergent, qui lui offre un verre de vin. Lescaut refuse et continue, sans parler, à s'avancer au milieu du jardin.)

DESGRIEUX, paraissant à la fenêtre du premier et apercevant Lescaut.

Arrivez donc, mon cousin, nous vous attendons.

MANON, paraissant à la croisée à côté de Desgrieux.

Et nous avons été obligés de nous mettre à table sans vous.

LESCAUT.

Je le vois bien!

DESGRIEUX.

Venez vite, ou il ne restera plus de champagne!

LESCAUT.

J'y vais... mais je voudrais auparavant dire un mot en particulier... à ma cousine.

MANON.

A moi?...

LESCAUT.

A vous... pour affaires de famille!

MANON.

Je descends. (Se retournant vers les convives.) Continuez toujours... (S'adressant à Lescaut.) Le dîner que vous avez commandé était excellent... (Se retournant vers les convives.) N'est-ce pas, mesdemoiselles?...

(Elle disparaît.)

LESCAUT, sur le devant du théâtre et à part.

J'aurais mieux fait d'y assister, exact au rendez-vous, au lieu de m'arrêter ici près... en passant sur le boulevard... à l'hôtel Vendôme, où je gagne d'ordinaire, et où j'ai perdu en une demi-heure, au biribi, les cent pistoles du colonel... sur une martingale qui allait réussir... c'est évident... quand les fonds ont manqué!... un dernier quitte ou double, et je faisais sauter la banque!... Mânes de mes aïeux!... pas un rouge liard dans ma poche!... quelle position de fortune pour un gentilhomme!

MANON, entrant en scène.

Eh bien! mon cousin, de quoi s'agit-il?

LESCAUT, *mystérieusement*.

D'une importante affaire!...

MANON.

Celle dont vous parliez ce matin?

LESCAUT.

Précisément, cousine, une affaire d'où dépend l'honneur de la famille!

MANON, *effrayée*.

Ah! mon Dieu!

LESCAUT.

Lequel honneur est ébréché, endommagé, perdu... faute d'une douzaine de pistoles!

MANON.

Est-il possible!...

LESCAUT.

Douze pistoles que je vous rapporterai dans une demi-heure.

MANON.

N'est-ce que cela? (Tirant sa bourse de sa poche.) Tenez... prenez vite, car on m'attend pour la danse!... on va danser!

DESGRIEUX, *paraissant à la fenêtre*.

Allons donc, Manon!

MANON, *lui répondant*.

Me voici!

DESGRIEUX.

Je vais en inviter une autre!

MANON, *à Lescaut*.

Prenez vous-même, cousin, je n'ai pas le temps de compter.

LESCAUT.

On ne compte pas avec ses amis.

MANON.

Et pourvu, comme vous le dites, que vous me rapportiez cela dans une demi-heure...

LESCAUT, sortant vivement.

Foi de gentilhomme!

LE CHOEUR.

C'est à la guinguette, etc.

Mme BANCELIN, à M. Durozeau, qui achève sa bouteille de bière, et lui montrant les croisées du fond.

Quelle gaieté! quel tapage! et surtout quelle dépense!

DUROZEAU.

Cela vous charme, madame Bancelin?

Mme BANCELIN.

Oui, monsieur Durozeau; et vous?

DUROZEAU.

Moi, je n'aime pas le bruit... il ne m'aime pas... il s'en va quand j'arrive.

Mme BANCELIN.

Ici, par bonheur, vous n'aurez pas à interposer votre autorité; je vous réponds des convives.

DUROZEAU.

Vous êtes bien hardie...

Mme BANCELIN.

Que voulez-vous dire?

DUROZEAU.

Qui a commandé le festin?

Mme BANCELIN.

Ce monsieur Lescaut que vous venez de voir, un soldat aux gardes!

DUROZEAU.

Joueur ! bretteur ! et signalé sur mes notes comme n'ayant jamais le sou.

Mme BANCELIN.

Ce n'est pas lui qui paie, c'est monsieur le chevalier Desgrieux.

DUROZEAU.

Desgrieux !...

Mme BANCELIN.

Descendu de voiture avec une jeune et jolie fille... êtes-vous rassuré ?

DUROZEAU.

Pauvre madame Bancelin !...

Mme BANCELIN.

Qu'est-ce que cela signifie ?

DUROZEAU.

Le chevalier Desgrieux !... avec mademoiselle Manon... (Prenant son chapeau.) Adieu ! madame Bancelin.

Mme BANCELIN, le retenant.

Non pas ! vous ne partirez pas ainsi.

SCÈNE IX.

Les mêmes ; LE MARQUIS, et deux Seigneurs de ses amis.

LE MARQUIS.

Salut à la chère madame Bancelin !

Mme BANCELIN.

Votre servante, monsieur le marquis.

LE MARQUIS.

Il nous faut un salon particulier et un diner fin... vous savez que nous ne regardons pas à la dépense !...

Mme BANCELIN, saluant.

Vous êtes bien honnête, monsieur le marquis.

LE MARQUIS.

Et vous aussi... c'est connu!

Mme BANCELIN, criant à la cantonade.

Le numéro un à monsieur le marquis et à ses amis... qu'on n'épargne rien!... (Au marquis.) Ces trois messieurs sont-ils seuls?

LE MARQUIS.

Peut-être!

Mme BANCELIN, à haute voix.

Six couverts!

DUROZEAU, bas à madame Bancelin.

Vous faites bien!... tâchez de vous rattraper sur ceux-là si vous le pouvez... car les autres...

Mme BANCELIN.

Vous m'effrayez... (Elle salue le marquis et ses amis qui sortent par le fond, et revient près de Durozeau.) Vous dites donc que monsieur le chevalier Desgrieux...

DUROZEAU.

Est un chevalier d'industrie! et mademoiselle Manon une petite personne dont la fortune est comme la vertu...

Mme BANCELIN.

Des plus médiocres!

DUROZEAU.

Une vertu qui ne peut pas payer son terme... j'ai mes notes comme commissaire... et moi qui vous parle... si j'avais voulu...

Mme BANCELIN.

Juste ciel!

DUROZEAU.

Mais les mœurs... et ma dignité de magistrat...

Mme BANCELIN, apercevant Desgrieux.

C'est lui... c'est le chevalier.

DUROZEAU.

Silence!... mon devoir est d'éclairer dans l'ombre! et sans qu'il y paraisse!

SCÈNE X.

LES MÊMES; DESGRIEUX, sortant de la porte du fond.

DESGRIEUX, parlant à la cantonade et s'essuyant le front.

Oui, mesdemoiselles... c'est indispensable, c'est de rigueur... après la danse!... et puis Manon le veut!... (A madame Bancelin.) Des rafraîchissements, des sorbets... des glaces... ce que vous aurez de mieux... (A madame Bancelin, qui se croise les bras.) Eh bien! m'entendez-vous, madame Bancelin?... vous restez là immobile... et comme si vous ne compreniez pas...

Mme BANCELIN.

J'ai compris, monsieur le chevalier, que votre dépense était déjà très-considérable.

DESGRIEUX.

Tant mieux pour vous!...

Mme BANCELIN.

Tant pis peut-être!... car ici, monsieur, avant de commencer un nouveau compte, on solde le premier.

(Elle lui remet un mémoire.)

DESGRIEUX, étonné.

Comment?

Mme BANCELIN.

C'est l'usage de la maison! (Montrant Durozeau.) Monsieur vous le dira... monsieur qui est un habitué et un ami...

DESGRIEUX.
Me faire un pareil affront... à moi !

SCÈNE XI.

LES MÊMES; MANON, sortant de la porte du fond en s'éventant.

MANON.
On n'en peut plus ! on expire de chaleur ! et si les glaces n'arrivent pas...

DESGRIEUX.
Nous les prendrons ailleurs... donne-moi la bourse !...

MANON.
Que veux-tu dire ?...

DESGRIEUX.
Ou règle toi-même avec madame Bancelin... qui se défie de nous... et veut être soldée sur-le-champ... Allons, dépêche-toi !

MANON, bas à Desgrieux, avec embarras.
Mais c'est que...

DESGRIEUX.
Quoi donc ?...

MANON.
C'est que la bourse... je ne l'ai plus !

DESGRIEUX.
Grand Dieu ! où donc est-elle ?

MANON.
Je l'ai remise... c'est-à-dire prêtée à Lescaut, notre cousin.

DUROZEAU, bas à madame Bancelin.
Vous le voyez... ils se consultent.

MANON.

Qui doit nous la rapporter dans une demi-heure.

DESGRIEUX.

Et d'ici là... que devenir ?

DUROZEAU, de même à madame Bancelin.

Que vous disais-je ? ce sont des aigrefins qui ne paieront pas.

Mme BANCELIN, bas à Durozeau.

Un dîner de quinze couverts !... (Haut.) Monsieur, je vous invoque, non plus comme ami, mais comme commissaire.

DESGRIEUX.

Un commissaire !...

MANON, le regardant.

Le mien !... (Bas à Desgrieux.) Celui dont je me suis moquée l'autre jour.

DUROZEAU.

Il est de fait que ceci est de ma compétence.

FINALE.

DUROZEAU, s'adressant aux soldats à gauche et leur montrant Desgrieux.

En prison ! en prison ! en prison !
C'est un scandale
Que rien n'égale.
Il faut payer ! sinon, sinon,
En prison ! en prison ! en prison !
De ce fripon j'aurai raison !

DESGRIEUX et MANON.

En prison ! en prison ! en prison !
C'est un scandale
Que rien n'égale.
Qui, nous ? subir un tel affront !
En prison ! en prison ! en prison !
Ah ! c'est à perdre la raison !

Mme BANCELIN et LES BOURGEOIS.
En prison ! en prison ! en prison !
C'est un scandale
Que rien n'égale.
Il faut payer ! sinon, sinon,
En prison ! en prison ! en prison !
Ah ! quel affront pour la maison !

SCÈNE XII.

LES MÊMES ; LESCAUT, entrant brusquement et entendant ces derniers mots.

LESCAUT.
En prison ! dites-vous ? que prétendez-vous faire ?

MANON, courant à lui avec joie.
C'est Lescaut, mon cousin !

LESCAUT.
Quoi ! c'est un commissaire
Qui voudrait entacher l'honneur de ma maison ?
Déshonorer mon nom
Et mon blason ?
Fi donc !

DESGRIEUX.
Daignez nous écouter !

LESCAUT.
Non, de par mon épée !
(Montrant Durozeau.)
La trame de ses jours serait plutôt coupée !

MANON, le calmant.
Modérez-vous !

DESGRIEUX.
Eh oui ! dans ce péril urgent,
Il ne s'agit pas d'épée,
Mon cousin ! mais d'argent !

LESCAUT.
D'argent!
Je n'en ai plus!

TOUS.
O ciel!

LESCAUT.
Une chance infernale,
Au jeu m'a tout ravi! je n'ai d'autre valeur
Que la mienne!

DUROZEAU.
Pas d'autre!

LESCAUT.
Et surtout mon honneur
Qui garantit ma dette!

DESGRIEUX.
O parenté fatale!

DUROZEAU et LE CHOEUR.
En prison! en prison! en prison! etc.

(Pendant que le commissaire donne des ordres au sergent et aux soldats qui sont à gauche, Manon, effrayée, s'approche de Desgrieux qui est en proie à un profond désespoir.)

MANON.
Le désespoir où tu te livres
Me fait trembler!

(Elle aperçoit Marguerite et ses compagnes qui paraissent aux croisées du fond, elle leur fait signe de descendre.)

LESCAUT, s'adressant pendant ce temps à Desgrieux.
Allons! cousin, de la raison!

DESGRIEUX.
Je n'y survivrai pas!

LESCAUT.
Vous plaisantez?...

DESGRIEUX.
Non! non!
(Froissant le mémoire entre ses mains.)
Je donnerais ici mes jours pour deux cents livres!

LESCAUT, vivement.
Bien vrai? vous les aurez!

DESGRIEUX.
A l'instant?

LESCAUT.
A l'instant!

DESGRIEUX.
Et comment?

LESCAUT, regardant le sergent.
Comment?
Sur votre bonne mine et votre signature,
Le sergent en répond!

LE SERGENT, souriant.
Eh oui! je vous le jure!

DESGRIEUX, à Lescaut.
Ah! je vous devrai tout!

LESCAUT, riant.
Non, c'est moi qui vous dois!

DESGRIEUX, bas, à Manon.
Attends-nous!... je reviens!
(Bas, à madame Bancelin.)
On paira cette fois!

DUROZEAU, bas, à madame Bancelin, en voyant Desgrieux, Lescaut et
le sergent qui entrent dans l'estaminet à gauche.
Je comprends! mais d'ici j'ai l'œil sur notre gage,
Et mam'zelle Manon nous servira d'otage!
(Marguerite et les jeunes ouvrières sont descendues pendant la fin de
cette scène.)

MARGUERITE, s'approchant de Manon qui s'est laissée tomber sur une chaise à droite.
Qu'as-tu donc? d'où viént ton chagrin?

MANON, préoccupée.
Ce n'est rien, Marguerite!
(A part, et réfléchissant.)
Oui, Lescaut, mon cousin,
Va pour nous, dans le voisinage,
Emprunter quelque argent!... Si je pouvais aussi
De mon côté les aider?...
(Apercevant une chanteuse du boulevard qui entre dans ce moment avec sa guitare, elle pousse un cri de joie.)
M'y voici!
(A la jeune fille.)
Un instant, prête-moi cette vieille guitare...

MARGUERITE, étonnée, en voyant Manon qui accorde la guitare.
Que fais-tu?

MANON.
J'eus des torts!

MARGUERITE, de même.
Eh bien?

MANON.
Je les répare!
(Se levant et chantant à haute voix.)
Tra, la, la, la, la, la, la, la!
Pour peu que la chanson vous plaise,
Écoutez, grands et petits,
La *nouvelle Bourbonnaise*
Dont s'amuse tout Paris!
Tra, la, la, la, la, la, la!
(A ses accents, tous ceux qui sont en scène se sont levés et se rapprochent de Manon. Le marquis et ses amis sortent du salon.)

LE MARQUIS.
Qu'est-ce donc? messieurs, qu'est-ce donc?
Quelle est cette belle chanteuse,

A la voix brillante et joyeuse?
(A part.)
Que vois-je? ô bonheur!... c'est Manon...

MARGUERITE, bas à Manon.

C'est le marquis!

MANON, jouant toujours de la guitare.

Ah! pour moi quelle gloire!
Un aussi noble auditoire!

MARGUERITE, bas, à Manon, qui joue toujours de la guitare.

Y penses-tu? chanter ainsi?...
Et devant lui!

MANON, gaiement.

Eh oui! cela me sourit et me plaît.

(A voix haute.)

BOURBONNAISE.

Premier couplet.

Tra, la, la, la, la, la, la, la, la!
C'est l'histoire amoureuse,
Autant que fabuleuse,
D'un galant fier à bras!
Ah! ah! ah!
(Regardant Durozeau.)
D'un tendre commissaire
Que l'on croyait sévère
Et qui ne l'était pas!
Ah! ah! ah!
Il aimait une belle!
Il en voulait!... mais elle
De lui ne voulait pas!
Ah! ah! ah!
Or, voulez-vous apprendre
Le nom de ce Léandre,
Traître comme Judas!
Ah! ah! ah!
Son nom?... vous allez rire!
Je m'en vais vous le dire

16.

Bien bas.... tout bas.... tout bas....
(Tout le monde s'approche, et Manon dit avec force:)
Non!... je ne le dirai pas!
(Riant.)
Ah! ah! ah! ah! ah! ah!
Ah! ah! ah! ah! ah! ah!

LE MARQUIS, applaudissant ainsi que LE CHOEUR.
Brava! brava! brava!

DUROZEAU, à part.
Une telle insolence
Aura sa récompense,
Et l'on me le paira!

MANON, bas à Marguerite.
Tu le vois bien? mon triomphe est complet.
(A haute voix.)
Second couplet!

Deuxième couplet.

(Regardant Durozeau.)
On le disait habile,
Car dans la grande ville
Il est des magistrats!...
Ah! ah! ah!
Il est des réverbères,
Vantés pour leurs lumières,
Et qui n'éclairent pas!
Ah! ah! ah!
Au logis de la belle,
Un soir que sans chandelle
Il veut porter ses pas...
Ah! ah! ah!
L'escalier était sombre,
Et sur son nez, dans l'ombre,
Il tombe!... patatras!
Ah! ah! ah!
Son nom?... vous allez rire.
Je m'en vais vous le dire

Bien bas... tout bas... tout bas...
(Même jeu.)
Non, je ne le dirai pas!
Ah! ah! ah! ah! ah! ah!
Ah! ah! ah! ah! ah! ah!

LE MARQUIS et LE CHOEUR.

Brava! brava! brava!

DUROZEAU.

Ah! morbleu! l'on me le paira!

LE MARQUIS et LES SEIGNEURS.

Divin! charmant! sur mon honneur!

MANON, prenant la sébile de la chanteuse, et faisant la quête.

D'une main généreuse
Donnez à la chanteuse!...

(Elle présente la sébile au commissaire qui lui tourne le dos. — Les bourgeois et les seigneurs donnent, et Manon fait à chacun une révérence.)

Grand merci, monseigneur!
(Arrivée près du marquis.)
Et vous, marquis?...

LE MARQUIS, hors de lui.

Séduisante Manon!
Je n'y tiens plus!

(Il l'embrasse.)

MANON, souriant.

Pardon!
(Montrant la place du baiser.)
Ça, c'est pour la chanteuse;
Et maintenant... donnez pour la chanson.

LE MARQUIS, lui jetant une bourse pleine d'or.

Tiens! tiens!

MANON, s'asseyant à droite et versant dans sa robe le contenu de la sébile.

Ah! quel plaisir! que d'or! je n'y puis croire
(Rendant à la jeune fille sa guitare et une poignée d'argent.)

Merci, ma chère enfant !... accepte sans façon.
(Se retournant fièrement.)
Madame Bancelin, donnez votre mémoire,
Donnez ! et rien par moi n'en sera retranché !
Oui, sans compter, je pairai tout, ma chère,
Le dîner et les vins !... même le commissaire,
Par-dessus le marché !
(Chantant.)
Tra, la, la, la, la, la, la !

MARGUERITE, à voix basse.

Manon !... quelle folie !

MANON, chantant toujours.

Ah ! ah ! tra, la, la, la !
C'est à moi que je dois cette fortune-là !

SCÈNE XIII.

Les mêmes ; DESGRIEUX, pâle et défait, sortant de l'estaminet à gauche, suivi de LESCAUT.

DESGRIEUX, à part.

J'ai signé... c'en est fait !
(Jetant de l'argent dans le tablier de Manon.)
Tiens, tiens, Manon, voilà
De quoi nous acquitter !... partons !

MANON, riant.

C'est inutile !

(Pendant que Desgrieux interroge Manon, le marquis s'adresse à Lescaut qui est près de lui.)

LE MARQUIS, bas, à Lescaut.

Qu'as-tu donc fait ?

LESCAUT.

Ah ! le coup est habile !
(Montrant Desgrieux.)
Votre rival, par moi, s'est engagé

Dans votre régiment!

MANON, à Desgrieux, lui montrant ce qu'elle a dans son tablier.

Vois donc tout ce que j'ai!...

DESGRIEUX.

Et d'où te vient cet or?...

MANON.

Tu le sauras.

(Lui prenant le bras.)
Viens-t'en, mon chevalier!

DESGRIEUX.

Eh oui!... partons!

SCÈNE XIV.

LES MÊMES; LE SERGENT et QUELQUES SOLDATS

LE SERGENT, se mettant devant eux.

Non pas!
Soldat!... il faut nous suivre!

MANON, étonnée.

Que dit-il?...

LE SERGENT.

Qu'il s'est engagé!

MANON.

Et moi, monsieur, je le délivre;
Je vous achète son congé!

LE MARQUIS, bas, au sergent.

Et moi, je te défends d'accepter.

LE SERGENT, à Manon qui lui offre de l'or.

Non, vraiment!
C'est impossible, mon enfant!
(Regardant son colonel.)
Le règlement nous le défend!

(A Desgrieux.)
Il faut nous suivre sur-le-champ!

MANON, se jetant dans les bras de Desgrieux.
Nous séparer!... jamais... jamais!...

LE SERGENT.

Et sur-le-champ!
A la caserne, on nous attend!

Ensemble.

DESGRIEUX.

O douleur mortelle!
Quand sa voix m'appelle,
Me séparer d'elle!
O fatal devoir!
Il faut, subalterne,
Porter la giberne,
Et dans leur caserne,
M'enfermer ce soir,
   Ce soir.

MANON, pleurant.
O douleur mortelle!
T'éloigner de celle
Dont l'amour t'appelle,
Toi, mon seul espoir!
Tu vas, subalterne,
Portant la giberne,
Dans une caserne,
T'enfermer ce soir,
   Ce soir.

LE MARQUIS, regardant Manon.
L'amour qui m'appelle,
Me promet près d'elle
Conquête nouvelle;
Mon cœur bat d'espoir!
(Regardant Desgrieux.)
Rival subalterne,

Ma voix qui gouverne,
Dans une caserne,
T'enferme ce soir,
   Ce soir.

LESCAUT, au marquis.

Conquête nouvelle
Vous attend près d'elle,
L'amour vous appelle,
Pour vous quel espoir!
Il va, subalterne,
Portant la giberne,
Dans une caserne,
Gémir dès ce soir,
   Ce soir.

MARGUERITE et LES JEUNES FILLES.

O chance cruelle!
Qui sépare d'elle
Son ami fidèle!
Injuste pouvoir!
Il va, subalterne,
Portant la giberne,
Dans une caserne,
Gémir dès ce soir,
   Ce soir.

DUROZEAU et Mme BANCELIN.

O chance nouvelle
Qui nous venge d'elle!
Cette péronnelle
Ne peut plus le voir.
Cela les consterne,
Il va, subalterne,
Dans une caserne
Gémir dès ce soir!
   Ce soir!

LE SERGENT et LES SOLDATS, à Desgrieux.

O chance nouvelle!
Glorieuse et belle,
Viens! l'honneur t'appelle!

Fidèle au devoir,
Sa loi nous gouverne,
Portons la giberne,
Et dans la caserne
Nous boirons ce soir,
Ce soir !

DESGRIEUX, tenant Manon serrée contre son cœur.
Adieu, Manon, mon amour et ma vie.
A tout prix, vers toi je revien !
(A Lescaut.)
Mon cousin, je vous la confie !
Veillez sur elle... et veillez bien !

LESCAUT, à Desgrieux.
Je défendrai l'honneur de la famille !

LE MARQUIS, bas à Lescaut.
Songes-y bien !... d'elle tu me réponds,
Et sur l'honneur !

LESCAUT.
C'est par là que je brille

TOUS.
Partons ! partons !

Ensemble.

DESGRIEUX.
O douleur mortelle ! etc.

MANON, pleurant.
O douleur mortelle !

LE MARQUIS, regardant Manon.
L'amour qui m'appelle, etc.

LESCAUT.
Conquête nouvelle, etc.

MARGUERITE et LES JEUNES FILLES.
O chance cruelle, etc.

DUROZEAU et Mme BANCELIN.
O chance nouvelle, etc.

LE SERGENT et LES SOLDATS.
O chance nouvelle! etc.

(Le sergent et les soldats emmènent Desgrieux. Manon s'appuie pleurant sur Marguerite. Durozeau et madame Bancelin se frottent les mains. Le marquis sort avec Lescaut.)

ACTE DEUXIÈME

Un petit salon élégant. — Porte au fond; deux portes latérales. Au fond, à droite, une croisée; sur le premier plan, du même côté, une petite porte secrète, et de l'autre côté, un canapé.

SCÈNE PREMIÈRE.

LE MARQUIS, assis à droite, près d'une table couverte de cartons, d'étoffes déployées, etc. UN VALET DE CHAMBRE achève de l'habiller, tandis qu'UN AUTRE est debout près de la table.

LE MARQUIS, tenant un écrin et un carton, s'adressant au domestique qui est debout.

Je choisis décidément cet écrin et ces dentelles! porte-les sur la toilette de ma mère. Le reste, on le rendra demain aux marchands qui les ont envoyés... tu m'entends? (Le domestique sort par la porte à droite. Avec impatience.) Et toi, Jasmin, as-tu enfin achevé de m'habiller? (Il se lève, ôte sa robe de chambre qu'il jette sur un fauteuil, et Jasmin lui passe son habit et lui présente une épée.) Non, l'autre... celle à poignée de brillants? (Tout en mettant son épée, il dit avec humeur:) Voilà bien une idée de grandes dames! nos duchesses, nos marquises et ma mère elle-même!... vouloir que je leur donne un bal, moi garçon, dans mon hôtel!... pour le purifier sans doute! quant à moi, ce que je trouve de plus ennuyeux au monde... (Se retournant avec impatience vers Jasmin.) Laisse-moi! tu vois bien

que je veux être seul. (Jasmin sort par la droite. Se promenant.)
Ce que je trouve de plus terrible, c'est d'avoir à s'occuper
d'un bal, d'une fête, d'une chose joyeuse... enfin, quand on
est de mauvaise humeur, contrarié, furieux!... Faire coucher hier soir mon rival à la caserne, le faire mettre ce
matin en prison, et tout cela pour rien! une injustice en
pure perte!... Mademoiselle Manon en proie à sa douleur,
Manon qui pleurait son chevalier, n'a pas même voulu me
recevoir!... morbleu! et Lescaut qui me proposait de l'enlever!... à quoi bon? pour qu'elle me brave encore et se
rie de mes tendresses!... N'importe!... je la verrais du
moins! (s'arrêtant.) Ah çà! est-ce que décidément j'en serais
amoureux?... moi!... allons donc!... pour qui me prendrait-on?

COUPLETS.

Premier couplet.

Manon est frivole et légère,
Oui, légère!... et même un peu plus!
Et je veux... je saurai lui plaire
De par l'amour!... ou par Plutus!
(Gaiement.)
C'est un caprice, une folie;
Ce n'est rien qu'une fantaisie!
(D'un air triste.)
Fantaisie! fantaisie!
Plus forte que l'amour!
Fantaisie! fantaisie!
Qui décide en un jour
Du destin de la vie!

Deuxième couplet.

Manon, Manon! mon adorée,
Je brave tout pour tes beaux yeux!
Fût-ce d'une chaîne dorée,
L'amour nous unira tous deux!
C'est un caprice, une folie,

Ce n'est rien qu'une fantaisie!
(Reprenant un air sombre.)
Fantaisie! fantaisie! etc.

SCÈNE II.

LE MARQUIS, MARGUERITE, un paquet à la main.

MARGUERITE, à la cantonade.
Oui, oui, c'est pour madame la marquise.

LE MARQUIS, vivement.
Ah! c'est Marguerite! quel bonheur!

MARGUERITE, saluant.
Vous êtes bien bon, monsieur le marquis.

LE MARQUIS.
Je suis heureux de te voir! tu viens de sa part?

MARGUERITE, étonnée.
Comment?...

LE MARQUIS.
De la part de Manon?

MARGUERITE.
Du tout!... Adieu, monsieur.

LE MARQUIS.
Où vas-tu donc?

MARGUERITE.
Essayer à madame la marquise votre mère, la robe qu'elle m'a commandée pour le bal de ce soir.

LE MARQUIS, avec indifférence.
Ah! c'est pour cela que tu viens?

MARGUERITE.
Avec d'autant plus d'empressement que madame la mar-

quise a, dit-elle, de bonnes nouvelles à me donner, concernant Gervais.

LE MARQUIS.

C'est bien! que je ne te retienne pas! (Marguerite s'éloigne; la rappelant.) Marguerite?... as-tu vu Manon, aujourd'hui?

MARGUERITE.

Je la quitte à l'instant.

LE MARQUIS.

Bien triste?

MARGUERITE.

Elle chantait et riait dans sa mansarde.

LE MARQUIS, avec indignation.

Par exemple!...

MARGUERITE.

Elle allait voir le chevalier.

LE MARQUIS, avec satisfaction.

Il est aux arrêts.

MARGUERITE.

Raison de plus pour l'aller voir! on laisse entrer près des prisonniers leurs femmes ou leurs sœurs, surtout quand elles sont jolies!... et l'idée d'aller à la caserne l'enchante! l'idée de son pauvre chevalier l'attendrit, de sorte qu'elle pleure et rit à la fois.

LE MARQUIS, avec colère.

Morbleu!

MARGUERITE.

Vous ne pouvez pas l'empêcher de pleurer.

LE MARQUIS.

Si vraiment!

MARGUERITE.

Alors, laissez-la rire, ou plutôt, monsieur le marquis, ne vous occupez pas d'elle.

LE MARQUIS.

Quand je la vois malheureuse!

MARGUERITE.

C'est son bonheur! laissez-lui le sien et gardez le vôtre Hier soir, par exemple, et pendant que ce pauvre Desgrieux se rendait à la caserne... pourquoi chercher à voir Manon?

LE MARQUIS.

Pour la rassurer!... pour la consoler!

MARGUERITE.

N'étais-je pas là?

LE MARQUIS.

C'est peut-être toi, alors, qui l'as empêchée de me recevoir?

MARGUERITE.

Précisément! est-ce que cela était convenable?... se présenter à une pareille heure! vous, jeune, aimable et séduisant... car vous l'êtes beaucoup, monseigneur, vous le savez bien! et tout ce déploiement de forces, contre une grisette, une jeune fille sans appui! ce n'est pas brave!... ce n'est pas bien!

LE MARQUIS, avec hauteur.

Marguerite!

MARGUERITE.

Il vous faut des ennemis plus dignes de vous! de grandes coquettes habituées à l'attaque et à la défense! mais mademoiselle Manon?... qu'est-ce que c'est?... un caprice!... pas autre chose!

LE MARQUIS.

C'est possible! mais rien ne ressemble à une passion comme un caprice... contrarié.

MARGUERITE.

Allons donc!

LE MARQUIS.

Rien n'en peut détacher...

MARGUERITE.

Qu'un autre, un nouveau! ce soir, par exemple, toutes les jeunes et belles duchesses qui ont voulu, dit-on, voir votre nouvel hôtel.

LE MARQUIS.

Oui, pour le connaître.

MARGUERITE, souriant.

Vous croyez? (Vivement.) Enfin!... supposons que cela soit! en voilà qui seraient fières de vos hommages! détournez-les de ce côté, ce sera à la fois un plaisir et une bonne action!

LE MARQUIS, souriant.

En vérité!

MARGUERITE.

Oui, n'allez plus sur les brisées de ce pauvre chevalier qui n'a rien au monde que le cœur de Manon! qu'il le garde, à lui tout seul, si c'est possible!

LE MARQUIS, allant s'asseoir près de la table, à droite.

Tu as peut-être raison! rien ne dure ici-bas, et en attendant qu'elle l'oublie...

MARGUERITE.

En attendant... je serais généreux tout à fait! c'est dans votre régiment qu'il est engagé, c'est parce qu'il voulait, en dépit de la consigne, sortir ce matin pour voir Manon, qu'on l'a mis aux arrêts...

LE MARQUIS.

C'est probable!

MARGUERITE.

J'agirais en gentilhomme! je le rendrais à la liberté, à ses amours... et une fois qu'ils seront réunis, qu'ils seront heureux... A quoi pense monseigneur?...

LE MARQUIS.

A ce que tu me dis là ! c'est un moyen ! C'est une drôle de fille que Manon ! Tant que le chevalier sera malheureux ou absent... elle ne pensera qu'à lui et pas à d'autres ! (Souriant.) Mais s'il lui était rendu à tout jamais...

MARGUERITE.

Eh bien ?...

LE MARQUIS.

La plupart des femmes n'oublient leurs maris que parce qu'ils sont toujours là.

MARGUERITE.

Mauvaise pensée, monseigneur ! mais si elle peut amener une bonne action, peu importe !

LE MARQUIS.

N'est-ce pas ?

MARGUERITE.

J'accepte votre promesse... vous délivrerez Desgrieux ?

LE MARQUIS.

Oui.

MARGUERITE.

Vous ne reverrez plus Manon... jamais... (Geste du marquis.) Ou du moins de bien longtemps... ce qui revient au même, car alors vous l'aurez oubliée, et moi, pour le bouquet de fête de votre mère, je vais lui raconter un nouveau trait de générosité de son fils. J'ai idée que cela lui fera plus de plaisir encore que le bal de ce soir.

LE MARQUIS, la retenant par la main et après un instant de silence.

Sais-tu que tu es une terrible fille, Marguerite, et qu'au fond tu n'es pas aussi bonne que tu en as l'air.

MARGUERITE, avec émotion.

C'est la différence qu'il y a entre nous deux, monsieur le marquis ! Adieu, monseigneur !

LE MARQUIS.

Adieu, Marguerite !

SCÈNE III.

LE MARQUIS, seul, la regardant sortir.

Oui, c'est une brave fille !... de plus, fort agréable... et certainement Gervais ne sera pas malheureux !... Allons, à quoi vais-je penser ? j'ai promis, je tiendrai ma parole. Il n'en coûte pas tant que l'on croit d'être honnête homme !... il y a même du plaisir... je sens là comme une satisfaction inconnue... et Marguerite a raison, la résolution que je viens de prendre doit me porter bonheur !... (Poussant un cri.) Ah ! Manon !... Qu'est-ce que je disais ?... Manon chez moi... à cette heure !

SCÈNE IV.

MANON, LE MARQUIS.

MANON.

Ah ! quel bonheur de vous trouver !

LE MARQUIS, avec joie.

Dis-tu vrai ?

MANON.

Vos gens prétendaient que vous n'y étiez pour personne.

LE MARQUIS.

Je les renverrai tous.

MANON.

Moi, j'ai répondu qu'il fallait absolument me laisser entrer, que vous m'attendiez...

17.

LE MARQUIS.

C'est vrai, toujours !

MANON.

Je n'ai donc pas menti ?

LE MARQUIS.

Non, car à l'instant encore, je pensais à toi.

MANON.

Et moi à vous... comme ça se rencontre !

LE MARQUIS.

Ah ! dame ! Manon... j'avais promis... j'avais juré...

MANON.

Quoi donc ?...

LE MARQUIS.

Rien ! mais si tu viens me tenter... ce n'est plus ma faute.

MANON, regardant autour d'elle.

Dieu ! que c'est joli ici ! les beaux salons... le beau canapé !... (S'asseyant sur un canapé à gauche.) Comme on est bien sur celui-ci !... (Tirant son mouchoir.) Allez, monsieur le marquis, j'ai bien du chagrin...

LE MARQUIS.

Conte-moi cela...

MANON, regardant l'étoffe du canapé.

C'est du lampas, n'est-ce pas ?

LE MARQUIS.

Je n'en sais rien !

MANON, regardant toujours.

Avec des clous dorés... à la bonne heure, au moins... au lieu de mes vilaines chaises de paille... fi donc !... (Se remettant à pleurer.) Imaginez-vous, monsieur le marquis, que je viens de la caserne...

LE MARQUIS.

Eh bien?

MANON.

Pour voir ce pauvre chevalier que j'aime plus que jamais. Aussi le cœur me battait rien qu'en arrivant dans la rue, et quand je me suis présentée en faisant au factionnaire ma plus belle révérence. — « On ne passe pas. — C'est pour voir un prisonnier. — On ne les voit pas. — C'est mon amoureux, monsieur le soldat, laissez-moi passer, au nom de votre bonne amie! vous en avez une... j'en suis sûre... » Il a souri et il a repris plus doucement : — « On ne passe pas sans permission. — Permission de qui? — Du colonel. — Quel est-il? — Le marquis d'Hérigny. » A ce nom, j'ai manqué tomber de joie et de surprise... le soldat m'a soutenue, pauvre garçon! et m'a embrassée...

LE MARQUIS, avec colère.

Lui!...

MANON.

Dame! ce qui tombe dans le fossé est pour... Je suis partie toujours courant, et me voici! Et vite, monsieur le marquis, il n'y a pas de temps à perdre, donnez-moi un ordre... un permis....

LE MARQUIS, froidement.

Pourquoi?

MANON.

Comment, pourquoi? Mais depuis hier, depuis un siècle que je ne l'ai vu, je ne peux pas vivre ainsi... j'en deviendrais folle!

LE MARQUIS.

Vous l'aimez donc toujours?...

MANON.

Éperdument!

LE MARQUIS.

Et moi, ingrate ?

MANON.

Vous aussi ! vous êtes si bon, si généreux, et puis vous allez me signer ce permis, et alors je vous aimerai encore plus.

LE MARQUIS.

Comme Desgrieux ?

MANON.

Non !

LE MARQUIS.

Comment donc alors ?

MANON.

Je ne sais ! vous avez des manières si gracieuses, si élégantes, si avenantes, qu'on se sent dès la première vue attiré vers vous.

LE MARQUIS.

Rien de plus ?...

MANON.

Si vraiment... (Avec embarras.) On se prend à se dire que vous seriez celui peut-être à qui on donnerait son cœur... si on l'avait ! (Gaiement.) Mais on ne l'a plus... alors vous comprenez ?

LE MARQUIS.

Ah ! Manon ! est-ce ma faute si je suis venu trop tard ! si je n'arrive qu'aujourd'hui !

MANON, riant.

Il fallait arriver hier !

LE MARQUIS.

Et demain ! demain ne peux-tu choisir encore ?

MANON.

Dès qu'on aime, monseigneur, on ne choisit plus !

DUO.

MANON.

A vous les dons qui savent plaire,
A vous l'éclat et l'or d'un roi;
Et nous n'avons tous deux sur terre
Que moi pour lui, que lui pour moi!

LE MARQUIS, souriant.

Si, moins farouche et moins sévère,
Tu jetais un regard sur moi,
A toi, Manon... ma vie entière,
A toi mon cœur, à toi ma foi!

MANON.

Si je cédais à ce délire,
Je pairais trop cher mon orgueil!

LE MARQUIS.

Trop cher?... je ne veux qu'un sourire!
Je ne demande qu'un coup d'œil!
(Avec amour.)
   Belle et parée,
   Mon adorée,
   Tu brillerais,
   Quand rose et fraîche,
   Dans ta calèche,
   Tu t'étendrais!
   Robes nouvelles,
   Riches dentelles,
   Bijoux coquets,
   Rendraient ta vie
   Douce et jolie
   En ce palais!
En ce palais, où je serais
Le plus soumis de tes sujets!
Si tu voulais... si tu voulais...
Manon! Manon! si tu voulais!
   Si tu voulais!

MANON, *qui l'a écouté malgré elle avec plaisir, veut s'éloigner de lui.*

Taisez-vous ! taisez-vous !
Ce langage est trop doux.
A l'entendre, on s'expose...
De plaisir je frémis !
Je ne veux qu'une chose :
Mon permis ! mon permis !
Oui, monsieur le marquis,
Mon permis !
Mon permis !

LE MARQUIS.

Tu l'auras ! tu l'auras ! j'en jure ici ma foi !
Mais un instant... Manon !... Manon, écoute-moi.

Que de prestiges,
Que de prodiges
Te souriraient !
Dans nos spectacles,
Que de miracles
T'appelleraient !
Rien qu'à ta vue,
La foule émue
De tant d'attraits,
Dirait : c'est elle !
C'est la plus belle !
Tu régnerais !
De loin, de près, tu régnerais !
Et je serais en ce palais
Le plus soumis de tes sujets,
Si tu voulais,
Si tu voulais,
Manon, Manon, si tu voulais !

MANON, *qui s'est bouché les deux oreilles avec ses doigts, met sa main sur la bouche du marquis.*

Taisez-vous ! taisez-vous ! etc.

LE MARQUIS.

Tu l'auras ! tu l'auras ! comment te refuser ?

MANON, avec joie.
D'un cœur reconnaissant, ah! recevez l'hommage!

LE MARQUIS.
Eh bien! si tu dis vrai, j'en demande un seul gage.

MANON vivement.
Parlez, monsieur, parlez!

LE MARQUIS.
Eh bien! un seul baiser.

MANON.
Taisez-vous! taisez-vous!

LE MARQUIS.
Vois déjà quel courroux?
Je m'arrête et je n'ose...
A tes ordres soumis,
Je ne veux qu'une chose :
    Un permis!
    Un permis!

MANON, se défendant à peine.
Ah! monsieur le marquis!...

LE MARQUIS.
Le mien est à ce prix!

Ensemble.

MANON, à part.
Mais il m'attend,
Et chaque instant
Nous causerait
Double regret...
C'est par devoir...
C'est pour le voir,
Qu'ici, Manon
Ne dit plus non!

LE MARQUIS.
Moment charmant!
Elle se rend!

Elle permet!
Elle se tait!
O doux espoir!
Oui, je crois voir,
Qu'enfin Manon
Ne dit plus non!

LE MARQUIS, embrassant Manon.

Manon! Manon!
J'en perdrai la raison!
C'est trop peu d'un baiser!... un second... un second!

MANON, avec impatience.

Alors... alors!... mais dépêchez-vous donc!

Ensemble.

MANON, à part.

Car il m'attend, etc.

LE MARQUIS.

Moment charmant! etc.

(Il l'embrasse et tombe à ses genoux.)

SCÈNE V.

Les mêmes; MARGUERITE, rentrant par la porte du fond, à droite, et s'arrêtant toute effrayée en voyant le marquis aux genoux de Manon.

LE MARQUIS, se relevant et à part.

Dieu! Marguerite!

MARGUERITE, à part.

J'arrive à temps! (Haut.) Madame la marquise, votre mère, à qui j'ai fait part de vos généreuses intentions, vous prie, monsieur le marquis, de vouloir bien passer près d'elle... (Geste d'impatience du marquis.) à l'instant! je ne fais que vous transmettre ses ordres!

LE MARQUIS.

Il suffit... j'y vais. (A Manon.) Ainsi que je vous l'ai promis, mademoiselle Manon, je reviens vous apporter ce permis... attendez-moi, de grâce !

(Il la salue et sort.)

SCÈNE VI.

MANON, MARGUERITE.

MARGUERITE, vivement, aussitôt que le marquis est sorti.

Ne l'attends pas, et viens-t'en !

MANON.

C'est un permis dont je ne peux me passer... pour voir Desgrieux.

MARGUERITE.

Il aimera mieux que tu te passes de la permission...

MANON.

Mais il le fallait absolument, et dans ce cas-là, on fait de nécessité...

MARGUERITE.

Vertu !... allons donc ! sans moi, tout à l'heure, Dieu sait ce qui allait arriver...

MANON.

Je te jure, Marguerite, que c'était à bonne intention !

MARGUERITE.

Et justement ! ce sont les bonnes intentions qui nous perdent ! On se défie des autres, tandis que celles-là, on s'y laisse aller... on y trouve du plaisir.

MANON.

C'est vrai !

MARGUERITE.

Quand je te le disais! Monseigneur lui-même était de bonne foi quand il m'a juré ici ce matin... de t'oublier... et il n'a pas pu!...

MANON.

Le pauvre garçon!

MARGUERITE.

Tu le plains! Tu vois bien!... tu es perdue si tu le revois... il n'y a qu'un moyen de salut.

MANON.

Lequel?

MARGUERITE.

Je suis si heureuse, qu'il faut bien que tu partages mon bonheur! Madame la marquise possède bien loin de France, à la Louisiane, des terres, des forêts immenses, exploitation importante, qui demande un homme honnête et laborieux... elle a pensé à Gervais, dont je lui avais si souvent parlé; elle lui a écrit, il y a quelques jours, au Havre, de s'embarquer à l'instant sur le *Jean-Bart*, un vaisseau qui était en partance, et j'irai, dès demain, le rejoindre pour partager ses fatigues, ses travaux... pour l'épouser! Tu comprends bien alors que je ne peux garder ici ni mes pratiques, ni mon état, je te cède tout cela!

MANON.

A moi!

MARGUERITE.

Un bel et bon état, une fortune assurée! avec du travail, de l'ordre, de l'économie; pas de fausse honte, mets-toi à l'ouvrage.: Aide-toi, le ciel t'aidera! Madame la marquise, à qui j'ai tout raconté, te prend sous sa protection, et force son fils à donner à Desgrieux son congé... tu l'épouseras, et dès lors tu n'as plus rien à craindre, rien à faire, qu'à vivre en honnête femme.

MANON.

Mais permets, ma bonne Marguerite...

MARGUERITE.

Voilà déjà que tu trouves des difficultés !

MANON.

Non, mais monsieur le marquis qui va revenir ?

MARGUERITE.

Nous ne l'attendrons pas, partons !

MANON.

Il sera furieux !

MARGUERITE.

De ce que tu es une brave et honnête fille ! Deux de suite qu'il rencontre !... il peut se vanter d'avoir de la chance !

MANON.

Mais le chevalier que nous ne pourrons pas voir aujourd'hui, car il est aux arrêts !

MARGUERITE.

Il n'y sera pas toujours, nous le verrons demain... Viens, te dis-je, ne restons pas en ce pavillon, c'est ici qu'est le vrai danger.

(Elle entraine Manon, et toutes deux vont sortir.)

SCÈNE VII.

Les mêmes ; LESCAUT.

LESCAUT, entrant, à moitié gris.

Bonnes nouvelles du chevalier, mon colonel.

MANON.

C'est Lescaut !

LESCAUT.

Tiens ! ma cousine ! et la petite couturière !

MARGUERITE.

Bonnes nouvelles... disiez-vous?

MANON.

De Desgrieux?... parlez donc!

LESCAUT.

Quand je dis bonnes nouvelles... je veux dire mauvaises... cousine... mauvaises pour la famille.

MANON.

Comment cela?

LESCAUT.

J'allais ce matin à la caserne voir le cousin... c'est dans le malheur que les parents se montrent... et un soldat de son régiment, à qui j'ai proposé une ou deux bouteilles... je ne sais pas au juste... c'est lui qui a payé... m'a appris... que...

MANON, l'interrompant.

Qu'il est aux arrêts, nous le savons.

MARGUERITE.

Et qu'on ne peut pas le voir.

LESCAUT.

Aux arrêts!... ah! bien oui, si ce n'était que cela!...

MANON.

Qu'y a-t-il donc?...

LESCAUT.

Il y a que, malgré la discipline, il voulait sortir dès ce matin... sortir pour voir mademoiselle Manon, ma cousine, dont il était inquiet et jaloux!

MANON.

Est-il possible!

LESCAUT.

Inquiet! je le conçois! jaloux... non pas! parce qu'il doit

savoir que notre famille... est vétilleuse... sur le chapitre de la vertu...

MANON, d'un air suppliant.

Enfin, Lescaut?...

MARGUERITE, de même.

Achevez... Vous dites?

LESCAUT.

Je dis que les amoureux ne devraient jamais s'engager... militairement s'entend!... parce que l'amour est vif comme la poudre, et la poudre faisant explosion...

MANON.

Vous me faites mourir, mon cousin... (Vivement.) Eh bien! le chevalier?...

LESCAUT.

Est entré en fureur contre le caporal... qui voulait l'empêcher de sortir... et il a levé la main sur un supérieur...

MANON.

O ciel!

LESCAUT.

Sur un caporal!...

MARGUERITE.

Mais il est perdu!

LESCAUT, froidement.

Fusillé!... pas autre chose! C'est ce que je venais annoncer au colonel.

MANON.

Et moi je cours lui parler.

MARGUERITE, retenant Manon.

Demeure, le voici!

SCÈNE VIII.

Les mêmes; LE MARQUIS.

LE MARQUIS, froidement.

Je reçois à l'instant de graves et d'importantes nouvelles concernant le chevalier.

MARGUERITE.

Ah ! monsieur le marquis...

LE MARQUIS, de même.

Il suffit ! Laissez-nous, Marguerite, il faut que je parle à mademoiselle Manon.

MARGUERITE, inquiète.

Mais, vous laisser avec elle...

LESCAUT.

Est-ce que je ne suis pas là... pour protéger et sauvegarder l'honneur de la famille ?...

MARGUERITE.

C'est juste ! (Bas, à Manon.) Mais prends garde... prends bien garde... et songe surtout...

MANON, vivement.

Je ne songe qu'à lui et n'aime que lui !

MARGUERITE.

A la bonne heure !

(Elle sort.)

LESCAUT, se rapprochant de Manon.

Soyez tranquille, cousine...

SCÈNE IX.

MANON, LE MARQUIS, LESCAUT.

LE MARQUIS, après un instant de silence.

Lescaut!...

LESCAUT.

Mon colonel!

LE MARQUIS.

Il y a ce soir bal à l'hôtel; et il doit y avoir, si je ne me trompe, un buffet très bien garni... en viandes froides... et en vins fins...

LESCAUT.

Vous croyez?...

LE MARQUIS.

Je le suppose! mais je ne t'empêche pas de t'en assurer par toi-même; que je ne te retienne pas!

LESCAUT.

Et ma cousine?

LE MARQUIS.

Sois tranquille; je reste avec elle.

LESCAUT.

Je vous le demande! car avant tout, notre nom et notre blason...

LE MARQUIS.

J'y veillerai...

LESCAUT.

A la bonne heure!... (Sortant par la porte du fond à droite.) Diable! il s'agit ici de marcher droit.

(Il sort en chancelant.)

SCÈNE X.

MANON, LE MARQUIS.

LE MARQUIS, froidement.

Daignez m'écouter; Desgrieux, après avoir rudement repoussé le caporal qui voulait le retenir, a pris la fuite...

MANON, à part.

Quel bonheur!

LE MARQUIS.

Ajoutant ainsi au premier crime celui de la désertion.

MANON, effrayée.

Ah! mon Dieu! que va-t-il devenir?

LE MARQUIS.

Rien ne peut le soustraire au châtiment qu'il a mérité!... Moi seul, en cherchant bien, pourrais peut-être trouver un moyen.

MANON, vivement.

Quel est-il? quel est-il?... parlez! je vous en conjure!

LE MARQUIS.

J'ai depuis hier entre les mains l'engagement du chevalier, lequel est bien signé par lui...

MANON.

O ciel!

LE MARQUIS.

Mais pas encore par moi.

MANON, avec joie.

Je comprends.

LE MARQUIS.

Jusque-là, il n'est pas encore soldat.

MANON, vivement.

Et pas coupable... c'est évident! quel bonheur! vous le sauverez! n'est-ce pas?

LE MARQUIS, souriant.

A certaines conditions, qui ne dépendent pas de moi, mais de vous!

MANON.

De moi?... lesquelles?...

LE MARQUIS.

Je vais vous les dire.

COUPLETS.

Premier couplet.

Je veux qu'ici vous soyez reine,
Que chacun soit à vos genoux,
Que cet hôtel vous appartienne,
Que pour vous brillent ces bijoux.
 (Geste de Manon.)
Je le veux!... et vous, mon bel ange,
Vous ne pouvez me refuser,
Car je ne veux rien en échange,
Rien de vous! pas même un baiser.
Sans espoir et sans exigence,
En humble esclave, à vos genoux,
J'attendrai tout dans le silence,
De mes soins, du temps, et de vous.

MANON, étonnée et baissant les yeux.

Il est de fait... monsieur le marquis... que si vous ne demandez pas autre chose?...

LE MARQUIS.

Pas autre chose... pour moi!... mais pour d'autres, c'est différent!

MANON.

Que voulez-vous dire?...

LE MARQUIS.

Deuxième couplet.

Je veux qu'une absence éternelle
Éloigne un rival que je hais !
Je veux la promesse formelle
Que vous ne le verrez jamais !
(Geste de Manon.)
Je le veux !... de votre réponse
Son sort va dépendre aujourd'hui ;
Lorsqu'à vous, hélas ! je renonce,
J'entends qu'il y renonce aussi !
Car, sans espoir, sans exigence,
En humble esclave, à vos genoux,
J'attendrai tout dans le silence,
De mes soins, du temps et de vous.

MANON.

Quoi ! ne plus le revoir !

LE MARQUIS.

Par affection pour lui ; pour lui sauver la vie !

MANON.

Jamais !

LE MARQUIS.

Vous voulez donc qu'il meure ?

MANON, vivement.

Non ! non !

SCÈNE XI.

MANON, LE MARQUIS, LESCAUT et DEUX DOMESTIQUES,
entrant par le fond.

LESCAUT.

Le buffet est splendide... Voilà comme j'aime les bals...
Je viens vous dire que l'on arrive de tous les côtés...

LE MARQUIS, à part.

Obligé de recevoir dans un pareil moment... quel ennui ! (Haut, s'adressant aux domestiques qui sont restés au fond.) Que ce pavillon soit réservé... que personne n'y pénètre... et rappelez-vous bien que ce n'est plus à moi (Montrant Manon.) mais à madame...

LESCAUT, à part, avec joie.

Madame !...

LE MARQUIS.

Que chacun doit obéir.

LESCAUT, de même.

Déjà !

LE MARQUIS, bas à Lescaut.

Oui ! elle a daigné accepter ces bijoux, ces dentelles et cet hôtel qui, désormais, lui appartient, et dont je te nomme l'intendant et le majordome !

LESCAUT.

A la bonne heure ! la famille est donc enfin traitée selon son rang. (Regardant les diamants qui sont sur la table, à droite.) Tout cela est à nous ! tout !

LE MARQUIS, s'approchant de Manon et à demi-voix.

J'enverrai dès demain l'ordre de cesser les poursuites contre le chevalier... ce soir, d'autres soins me réclament... un bal... une fête... je ne pouvais prévoir, Manon, votre arrivée... chez vous ! Je tâcherai de congédier tout ce monde de bonne heure, et, au lieu de souper là-bas, je vous demanderai avant de me retirer et de prendre congé de vous... l'honneur de souper ici... en ami... sans façon... vous me le permettez ?...

(Pendant ce qui précède, Lescaut s'est approché de la table, à droite, et a pris un écrin qu'il regarde.)

LESCAUT.

Bijoux de famille !

LE MARQUIS, aux deux domestiques.

Deux couverts dans ce petit salon, vous servirez dès que madame l'ordonnera. (Se retournant vers Lescaut, qui est près de la table, à droite.) Lescaut !

LESCAUT, mettant dans son chapeau l'écrin qu'il tient à la main.

Mon colonel !

LE MARQUIS.

Aie soin que l'on choisisse ce qu'il y aura de plus délicat, de plus recherché.

LESCAUT.

Soyez tranquille ! je connais le buffet ! (Aux domestiques.) Allez ! (Les retenant au moment où ils vont sortir.) Un instant ! après moi, vous autres !

(Il sort suivi des deux domestiques. Le marquis, après avoir salué Manon, se dirige vers le salon à droite ; on entend un commencement d'orage.)

LE MARQUIS, à Manon.

Voici un orage qui se prépare... et seule ici, vous aurez peur peut-être... je reste alors... je reste !

MANON, vivement.

Non, monsieur le marquis, tout ce monde qui vous attend... laissez-moi... je vous le demande... je vous en prie...

LE MARQUIS.

M'en prier !... vous êtes bien bonne... vous pouviez l'ordonner !

(Il la salue respectueusement et sort par la droite.)

SCÈNE XII.

MANON, seule.

(Le bruit de l'orage augmente, puis diminue peu à peu.)

AIR.

Plus de rêve qui m'enivre,
　　Plus d'espoir !
Ami, c'est mourir que vivre
　　Sans te voir !
Oui, le cœur bientôt se glace
　　Sans amours,
Semblable au printemps qui passe
　　Sans beaux jours !

(Elle tombe assise près de la table à droite sur laquelle elle jette un regard.)

Autour de moi que d'opulence !
Hélas ! qu'importent à mes yeux
Et ce luxe... et cette élégance,
Et ces objets si précieux ?...
　(Ouvrant l'écrin.)
Et cet écrin... comme il scintille !
Je m'y connais peu, jeune fille ;
Mais à ces feux étincelants,
Ce sont... je crois, des diamants...
Oui... oui... ce sont des diamants !
　(Refermant l'écrin.)
Mais pour que je les regarde,
Ah ! je l'essairais en vain !
Non, non, non, que Dieu m'en garde,
J'ai pour ça trop de chagrin !
　(Pleurant.)
Oui, oui, j'ai trop de chagrin !

(Elle se rapproche malgré elle de la table à droite et regarde les diamants.)

Et vouloir que tout m'appartienne,

18.

Et que j'ordonne en souveraine !
(Sans le vouloir, elle agite la sonnette sur laquelle elle s'appuyait. Les deux domestiques paraissent.)

LES DEUX DOMESTIQUES.

Que veut madame?...

MANON.

Rien !... laissez-moi.
(Les deux domestiques sortent. — Avec satisfaction.)
C'est certain,
Tout m'obéit.., mais pour parler en reine,
Ah ! j'ai bien trop de chagrin,
(Se mettant à pleurer.)
Oui... oui !... j'ai trop de chagrin !
(Elle entend à droite une ritournelle de danse. Elle essuie vivement ses yeux.)
Qu'entends-je ? O ciel !... eh! oui... du bal
L'orchestre a donné le signal!
(Courant écouter à la porte à droite.)
Doux bruit de la danse !
J'entends en cadence
Que chacun s'élance...
Le sol retentit.
(Entr'ouvrant la porte.)
O joie enivrante !
Leur délire augmente;
Et la foule ardente
De plaisir frémit !
De ces pas pleins d'attraits
Que mon âme est émue,
Je les suis de la vue,
(Piétinant.)
Des pieds je les suivrais...
(Refermant la porte.)
Mais... mais pour que je m'y hasarde,
Ah! je l'essairais en vain !
Non, non, non! que Dieu m'en garde,
J'ai pour cela trop de chagrin,

Oui, oui, j'ai trop de chagrin !

(En ce moment l'orage qui avait peu à peu recommencé reprend avec force et se combine avec le bruit de danse de l'orchestre. — Montrant la porte à droite.)

Et pendant ce joyeux tapage...

(Montrant la fenêtre à droite.)

La foudre gronde avec fureur !
Là le sourire... ici l'orage !
Hélas ! c'est comme dans mon cœur.
Oui, le plaisir et la douleur
Font à la fois battre mon cœur !

(Manon va s'asseoir sur le canapé à gauche.)

SCÈNE XIII.

MANON, DESGRIEUX, s'élançant dans l'appartement par la fenêtre à droite.

DESGRIEUX, apercevant Manon et s'avançant vers elle.

C'est donc vrai !

MANON, se retourne, l'aperçoit, pousse un cri et s'élance vers lui.

Toi ! mon chevalier.

DESGRIEUX, la repoussant.

Vous, Manon... dans ces lieux !... je ne pouvais le croire.

MANON.

Je n'y suis venue que pour te sauver.

DESGRIEUX, avec ironie.

Oui ! Marguerite, que je viens de voir... car c'est chez vous, d'abord, que j'ai couru, Marguerite m'a conseillé de me hâter.

MANON.

Mais je t'ai arraché aux dangers qui te menaçaient ; j'ai obtenu ta grâce !

DESGRIEUX.

Qui vous avait dit de la demander? était-ce moi?... et vous avez pu croire que je l'accepterais à un tel prix?

MANON.

On n'en a exigé aucun... je te le jure...

DESGRIEUX.

Et comment se fait-il alors que vous soyez ici, à une pareille heure, chez le marquis?

MANON.

Je suis chez moi... Lescaut te le dira! Tout ici m'appartient... tout cela est à moi.

DESGRIEUX.

Est-ce qu'une semblable générosité est possible? à qui persuaderez-vous qu'elle est désintéressée?... Vous allez tout quitter... tout abandonner... et me suivre à l'instant...

MANON.

Écoute-moi...

DESGRIEUX, avec force.

Ou je crois tout!

MANON, vivement et lui prenant le bras.

Viens! partons!

DESGRIEUX, avec joie.

Est-il possible?... (Tombant à ses pieds.) Manon... Manon... tu m'aimes donc?

MANON, l'embrassant.

Toujours! et ça ne cessera jamais! ce que nous deviendrons, je l'ignore!... si tu fuis, je te suivrai... si tu meurs... je mourrai! (Gaiement.) Tu as raison, cela vaut mieux... nous ne nous quitterons pas!

DESGRIEUX, l'entraînant vers le fond.

Oui, toujours ensemble!... partons!

MANON.

Pas par là! les antichambres sont remplies de domestiques de la maison, ou de laquais étrangers.

DESGRIEUX, l'entraînant vers la droite.

De ce côté alors...

MANON.

Nous tomberions au milieu d'un bal magnifique. Mais cette fenêtre par laquelle tu es monté...

DESGRIEUX.

Toi... y penses-tu? dans ce moment, d'ailleurs, la pluie tombe par torrents, jamais je ne t'exposerai à une pareille tempête.

MANON.

Dans quelques instants cela sera passé... attendons.

DESGRIEUX.

Attendre... ici!...

MANON.

Nous le pouvons sans crainte! personne... je te le jure, n'y pénétrera sans mon ordre... (Regardant Desgrieux qui s'appuie sur un fauteuil.) Ah mon Dieu! qu'as-tu-donc? comme tu es pâle... tu te soutiens à peine...

DESGRIEUX.

Ce n'est rien!... l'émotion... la fatigue...

MANON.

Le besoin, peut-être...

DESGRIEUX, se soutenant à peine.

C'est possible... car depuis hier...

MANON, vivement.

Tu n'as rien pris!...

DESGRIEUX.

Qu'importe ?...

MANON.

Ce qu'il importe ? (Voyant qu'il tombe dans un fauteuil.) Ah ! mon Dieu !... il se trouve mal ! c'est évident, la fatigue, la faiblesse ! (Elle sonne vivement. Les deux domestiques paraissent.) Que l'on serve ! deux couverts et à l'instant ! (Les deux domestiques sortent. — Se retournant vers Desgrieux.) Ami... ami... reviens à toi... il ouvre les yeux... ses couleurs renaissent. (Aux domestiques qui viennent de rentrer, portant une table richement servie qu'ils placent à gauche.) C'est bien !... laissez-moi, je n'y suis pour personne ! (Voyant leur étonnement.) Ne m'avez-vous pas entendue ? laissez-nous... qu'est-ce qu'ils ont ?... ne dirait-on pas qu'on leur demande des choses... (Les deux domestiques sont sortis par la porte du fond qu'ils referment. Sur la ritournelle du morceau suivant, Manon va tirer les verrous qui sont à la porte du fond et à la porte à droite.) Comme cela, je l'espère, on ne nous dérangera pas ! sans cela, il n'y aurait pas moyen d'être un instant seule chez soi !

SCÈNE XIV.

MANON, DESGRIEUX; puis LE MARQUIS, ensuite LESCAUT, SEIGNEURS et DAMES, DUROZEAU avec DES SOLDATS DU GUET; PLUSIEURS DOMESTIQUES.

FINALE.

(Desgrieux, pendant la fin de la scène précédente, est peu à peu revenu à lui, et ouvre les yeux.)

DESGRIEUX.

Ciel ! où suis-je ?...

MANON, riant.

A souper chez Manon !

DESGRIEUX, se levant avec indignation.

       Moi ! jamais !

   MANON, avec impatience.

Nous souperons d'abord !... nous partirons après ;
Je l'ordonne ! ou sinon, soit raison, soit caprice,
 Je ne pars plus !... Tout à l'heure à vos vœux
  Sans hésiter, j'ai cédé... Moi, je veux
   Qu'à mon tour l'on m'obéisse !
(Avec coquetterie.)
Ce que l'on vous demande est-il donc si fâcheux ?
Souper auprès de moi !... souper... rien qu'à nous deux !
Vous souriez !

   DESGRIEUX, doucement et d'un ton de reproche.

   Manon ! mais c'est une folie !

   MANON, gaiement.

Raison de plus !...
    (Frappant du pied.)
   Je le veux ! je le veux !

(Manon fait asseoir Desgrieux près d'elle à la table, et tous deux font face aux spectateurs. Elle lui déplie sa serviette, le sert, lui verse à boire, et lui montre la fenêtre que la pluie vient battre encore.)

    COUPLETS.

    Premier couplet.

  Lorsque gronde l'orage,
  Qui dans le voisinage
  Sème partout l'effroi,
  Ah ! qu'il est doux et sage
  D'être dans son ménage
  Et de souper chez soi !
  Buvez, buvez, mon roi,
  C'est à vous que je bois !

   DESGRIEUX, la regardant tristement et avec tendresse.

Manon !... tu réjouis et mon cœur et mes yeux !

MANON, le regardant.

Alors, pourquoi cet air sombre, mon amoureux ?

(Elle lui tend la main que Desgrieux saisit avec transport.)

DESGRIEUX.

Deuxième couplet.

O charmante maîtresse,
Qu'avec toi la tristesse
S'envole sans retour !
O fée enchanteresse !
Tout pour un jour d'ivresse
Tout pour un jour d'amour !
L'univers est à moi,
Tu m'aimes !... je suis roi !

(A la fin de ce couplet, on frappe légèrement à l'une des portes dont Manon a tiré les verrous.)

DESGRIEUX.

Écoute donc !... on a frappé...

MANON.

Qu'importe ?

(Gaiement.)

Je n'y suis pas ! j'ai défendu ma porte !

Ensemble.

MANON et DESGRIEUX, reprenant à demi-voix le premier couplet.

Lorsque gronde l'orage,
Qui dans le voisinage
Sème partout l'effroi,
Qu'il est prudent et sage
D'être dans son ménage
Et de souper chez soi !

MANON.

Buvez, buvez, mon roi,
C'est à vous que je bois !

DESGRIEUX.
Oui, je suis près de toi.
(L'embrassant.)
Je t'aime !... je suis roi !

(Pendant que Manon et Desgrieux, assis près l'un de l'autre, chantent ensemble ce couplet, une petite porte secrète cachée dans la boiserie sur le premier plan s'ouvre, et paraît le marquis sans être entendu ni vu. Il les regarde un instant, cherche à contenir sa colère ; mais au moment où Desgrieux embrasse Manon, il s'avance vivement.)

DESGRIEUX et MANON, l'apercevant et restant stupéfaits en tenant leur verre à la main.

Le marquis !

LE MARQUIS, avec ironie.
Desgrieux !... qui par fraude s'installe
La nuit en mon logis !... la chose est peu loyale !
Me voler ma maîtresse et son amour... d'accord !
Mais mon souper, monsieur... ah ! vraiment c'est trop fort !

DESGRIEUX.
Monsieur, un tel discours...

MANON, au marquis et lui montrant Desgrieux.
Ah ! c'est le méconnaître !

DESGRIEUX.
Vous m'en rendrez raison !

LE MARQUIS, avec ironie.
Raison ?... vous plaisantez !
(Il va tirer le verrou de la porte du fond, et plusieurs domestiques paraissent. S'adressant à eux en leur montrant Desgrieux.)
Que l'on jette à l'instant monsieur par la fenêtre !

DESGRIEUX, apercevant l'épée qui, depuis la première scène, est restée sur la toilette, la saisit, et faisant reculer les domestiques.
Si vous faites un pas... oui, si vous le tentez...
Je vous châtirai tous !... les gens...

(Montrant le marquis.)
Et puis le maître !...

(Regardant fièrement le marquis.)
Si quand on le défie, il est trop grand seigneur
Pour daigner, par le fer, défendre son honneur!

LE MARQUIS, tirant son épée.

Ah! c'en est trop!

LESCAUT, paraissant à la porte du fond et voyant les deux adversaires
qui viennent de croiser l'épée.

Qu'ai-je vu? le fer brille!

(Il s'approche de Manon et lui dit à demi-voix:)

Un tel éclat compromet la famille;
Partons!

MANON.

Non pas.

LESCAUT, à part, regardant la table à droite et frappant sur sa poche.

J'ai dû, c'était prudent,
Sur tous ses intérêts veiller en bon parent.

Ensemble.

MANON.

Dieu qui vois ma terreur... à toi seul j'ai recours!
Viens et veille sur lui! viens protéger ses jours!

LE MARQUIS.

Oui, pour te châtier, à moi seul j'ai recours.
Défends-toi! défends-toi! car il me faut tes jours

DESGRIEUX.

A moi de châtier tes insolents discours!
Défends-toi! défends-toi! car il me faut tes jours!

LESCAUT, à part et frappant sur sa poche.

Diamants! votre éclat a celui des amours,
Et le vôtre, de plus, dure et brille toujours!

LES DOMESTIQUES du marquis, courant sur le théâtre, ouvrant la porte
du fond et la porte à droite.

Au secours! au secours!
On attente à ses jours!
Le guet! le commissaire!
Au secours! au secours!

CAVALIERS et DAMES du bal, entrent par la porte à droite.
Au secours ! au secours !
Que devenir ? que faire ?
Au secours ! au secours !

(Pendant le chœur précédent le marquis et Desgrieux ont continué à s'attaquer avec fureur. Tout à coup le marquis pousse un cri, laisse échapper son épée et tombe dans les bras de ses amis qui s'empressent de le soutenir. Manon s'est jetée au cou de Desgrieux, pâle, hors de lui, l'épée sanglante à la main. En ce moment, M. Durozeau, le commissaire, et un groupe de soldats du guet, conduits par un sergent, paraissent à la porte du fond. Les seigneurs et les dames accourent en désordre et en habit de bal.)

TOUS, poussant un cri.
O ciel !...
(A voix basse avec terreur.)
C'est son colonel !
Par lui frappé d'un coup mortel !
(Avec force et montrant Desgrieux.)
Non, non, point de grâce !
Lorsque son audace
De si noble race
A versé le sang !
De lui qu'on s'empare,
(Montrant Manon.)
Et qu'on les sépare !
Que sa mort répare
Un forfait aussi grand !

DUROZEAU, aux soldats et au sergent.
De ce drame sanglant, de cet affreux scandale,
Qu'on arrête tous les auteurs !
(Montrant Manon.)
Cette fille d'abord, qu'ici je vous signale ;
Je la connais !

DESGRIEUX, voulant prendre sa défense.
Monsieur !...

DUROZEAU, l'interrompant.

La justice, d'ailleurs,
Saura l'interroger ! c'est là son ministère !
(Au sergent, montrant Desgrieux.)
Quant à lui, tous délais deviendraient superflus...
Emmenez-le, sergent... car son affaire est claire !
Frapper son colonel !...

LE MARQUIS à part.

Non, je ne l'étais plus !
(Il se soulève des bras de ses amis, tire de son sein l'engagement de
Desgrieux et le déchire en morceaux sans qu'on l'aperçoive.)

Ensemble.

MANON.

Grâce pour lui... grâce !
La mort le menace,
J'implore sa place
Et son châtiment !
(Aux soldats qui veulent l'entraîner.)
Mais qu'on nous sépare,
Ah ! c'est trop barbare !
Ma raison s'égare,
C'est trop de tourment !

DESGRIEUX.

Eh bien ! point de grâce !
La mort me menace !
Je l'attends en face,
Frappez hardiment !
(Aux soldats.)
Mais qu'on nous sépare,
Ah ! c'est trop barbare !
Ma raison s'égare,
C'est trop de tourment !

LESCAUT.

Pour ma noble race !
Ah ! quelle disgrâce
De perdre une place

Qu'ici j'aimais tant!
Le destin avare,
Hélas! m'en sépare,
    (Frappant sur sa poche.)
Mais tout se répare
Avec du talent!

LE CHOEUR.

Pour lui point de grâce!
Lorsque son audace,
De si noble race
A versé le sang!
De lui qu'on s'empare,
Et qu'on les sépare;
Non, rien ne répare
Un malheur si grand!

(Le guet, les soldats, le commissaire entraînent Desgrieux et Manon de deux côtés différents. Le marquis est retombé entre les bras de ses amis. Désordre général.)

ACTE TROISIÈME

Premier tableau.

Trois mois après, à la Louisiane. — Une riche habitation aux bords du Mississipi et sur la route qui conduit à la Nouvelle-Orléans. — A droite, les bâtiments d'exploitation et la maison du colon. A gauche, une enceinte de palissades qui sert de limite et de défense. Au fond et derrière une rangée de pieux, on aperçoit les champs et les forêts de l'Amérique septentrionale, le cours du fleuve, et dans le lointain les principaux édifices de la Nouvelle-Orléans qui s'élèvent.

SCÈNE PREMIÈRE.

Des Indiens, des Esclaves nègres, hommes et femmes, ZABY, entrant de différents côtés avec empressement.

LE CHŒUR.

Jour nouveau vient de renaître,
Et nous gaîment accourir!
Quand esclave avoir bon maître,
Bon maître il aime à servir!
Le défendre et le servir
Est un plaisir!

(Les Indiens et Indiennes amènent sur le bord du théâtre Zaby, un jeune esclave nègre, qu'ils prient de chanter.)

ZABY.

Oui, moi chanter à vous, chanson du pays, oui.
(Il chante pendant que les nègres et les créoles dansent autour de lui.)

CHANSON.

Mam'zelle Zizi,
Mam'zelle Zizi,
Un peu d'espoir
Au pauvre noir,
Pitié pour lui !
Le teint n'y fait rien,
Quoique noir, on aime bien.

Soleil ardent de nos climats
Noircit mes traits ; mais vois-tu pas
Qu'ardent soleil de nos climats
Jusqu'à mon cœur pénètre, hélas !
Ah ! ah ! ah ! ah !
D'amour, d'ennuis
Je me péris...

Mam'zelle Zizi, etc.

Souvent
Bon blanc
Est inconstant,
Et pauvre noir toujours aimant !
Comme son teint, l'amour qu'il a
Jamais, jamais ne changera.
Ah ! ah ! ah ! ah !
D'amour, d'ennuis,
Je me péris...

Mam'zelle Zizi, etc.

LE CHŒUR, se retournant vers le fond.

Mais c'est monsieur Gervais, oui, c'est notre bon maître,
Qu'avec sa fiancée enfin l'on voit paraître.

SCÈNE II.

Les mêmes ; GERVAIS, en habit de noce, et tenant sous le bras MARGUERITE, avec la robe blanche et la couronne de mariée.

AIR.

GERVAIS.

O bonheur !
O jour enchanteur !
L'amour nous enchaîne !
A moi
Sa foi !
Enfin, et non sans peine,
Elle est à moi,
Pour toujours à moi !

Sur ces bords étrangers,
Sur cette lointaine rive,
Après tant de dangers
Marguerite enfin arrive.

O bonheur ! etc.

O touchant souvenir
Du pays et de l'enfance !
Tous les deux nous unir,
C'est encor rêver la France
Et son doux souvenir !

O bonheur ! etc.

LE CHŒUR.

Quel beau jour pour nous va naître !
Nous boire et nous divertir !
Quand esclave avoir bon maître, etc.

(Ils sortent tous, et sur la ritournelle du chœur précédent, Gervais les reconduit en leur parlant.)

SCÈNE III.

GERVAIS, MARGUERITE.

GERVAIS, à la cantonade.

Oui... ce matin à dix heures... aux premiers sons de cloches de la chapelle... c'est convenu! (Revenant près de Marguerite.) Eh bien! ma petite femme, que dis-tu du local et des environs?

MARGUERITE.

Que c'est un beau pays que la Louisiane!

GERVAIS.

Et quel beau fleuve que le Mississipi! c'est quasiment la mer!

MARGUERITE.

Oui, c'est plus grand que la Seine, même au Pont-Neuf!... il ne manque à ce pays que des habitants.

GERVAIS.

Tais-toi donc! il n'en viendra que trop! voilà M. Law, le contrôleur des finances, qui a mis en actions la Louisiane et le Mississipi, et pour peu que les Français aient de l'esprit...

MARGUERITE.

Ils en ont tant!

GERVAIS.

Ils feront comme madame la marquise... ils troqueront, puisqu'il ne tient qu'à eux, leurs chiffons de papier de la rue Quincampoix contre de belles et bonnes terres au soleil...

MARGUERITE.

En vérité!

GERVAIS.

Depuis trois mois à peine, que j'ai créé cette habitation où madame la marquise a voulu me donner un intérêt... j'ai bien travaillé, par la mordieu !... mais je réponds de la fortune de notre bienfaitrice et de la nôtre...

MARGUERITE.

Déjà !...

GERVAIS.

Fortune à laquelle il ne manquait que le bonheur !... tu me l'apportes... le voilà, et Dieu sait comme tu étais attendue !...

MARGUERITE.

Dame ! la tempête et les vents contraires qui nous ont forcés de relâcher si longtemps... ça ne t'effraie pas, Gervais, un mariage qui commence par une tempête ?

GERVAIS.

Je les aime mieux avant qu'après ! mais avec toi, Marguerite, je suis toujours sûr du beau temps ! Et dis-moi !... m'apportes-tu des nouvelles de France ?

MARGUERITE.

Aucune ! pas même de ma meilleure amie, la petite Manon... à qui j'ai cédé mon fonds de couturière... pour épouser Desgrieux... de pauvres enfants que tu ne connais pas...

GERVAIS.

Ainsi, tu n'as pas entendu parler de notre nouveau gouverneur ?... on ne sait pas qui il est ?

MARGUERITE.

On doit donc en envoyer un ?

GERVAIS.

Eh oui ! avec des troupes ! les établissements français dans la Louisiane ont pris une telle importance... une ville superbe qui s'élève au bord du fleuve, et qu'en l'honneur du régent... on appelle la Nouvelle-Orléans.

MARGUERITE.

Est-ce loin?...

GERVAIS.

A une lieue... en remontant le fleuve... et si ce n'étaient les tribus sauvages, les Natchez... qui nous inquiètent parfois...

MARGUERITE.

Des sauvages... il y en a donc ici?

GERVAIS.

Tiens! à deux pas commence le désert... mais nous serons bientôt protégés de ce côté par un fort que l'on construit... le fort Sainte-Rosalie, auquel on fait travailler nuit et jour les détenus qui arrivent de France... ainsi, rien à craindre; quant à moi, je n'ai qu'une peur...

MARGUERITE.

Laquelle?

GERVAIS.

Que notre mariage ne se fasse pas.

MARGUERITE.

Quelle idée!... encore une heure... et tu verras! d'abord me voilà prête depuis le point du jour.

GERVAIS.

Et moi aussi.

MARGUERITE.

Monsieur le curé nous attendra à Sainte-Rosalie. Et dès que les cloches sonneront...

GERVAIS.

Nous nous mettrons en route...

MARGUERITE, passant son bras dans le sien.

Bras dessus! bras dessous!

GERVAIS, se retournant.

Hein !... qui vient là nous déranger ?... (A Marguerite.) Tu vois bien déjà !...

SCÈNE IV.

Les mêmes ; RENAUD, entrant par la gauche.

RENAUD, parlant à la cantonade.

Que la charrette attende quelques minutes à la porte de l'habitation... Bras-de-Fer et Laramée veilleront sur mes nouvelles pratiques! (Entrant.) Que diable ! on peut bien, par la chaleur qu'il fait, se rafraîchir d'un doigt de vin... il y en a ici... et du bon ! du vin de France !

GERVAIS.

A votre service, monsieur Renaud. (A Marguerite.) C'est monsieur Renaud, ancien garde-chiourme, surveillant des détenus du fort Sainte-Rosalie... et qu'on a surnommé *Tapefort !*

RENAUD.

Il faut cela dans la position que j'occupe. (Faisant le geste d'appliquer des coups de canne. — A Gervais qui lui verse un verre de vin.) Merci, mon voisin ! car si vous saviez (Faisant le geste de battre.) combien l'ouvrage est rude pour nous...

GERVAIS.

Et pour eux ?...

RENAUD, continuant près de la table à droite à se verser à boire.

C'est leur état ! (A Gervais.) A votre santé !

GERVAIS.

A la leur !

RENAUD, de même.

J'avais déjà bien assez de monde à gouverner, lorsqu'est arrivée ce matin au fort Sainte-Rosalie, une dépêche annonçant qu'un brick venait de débarquer, à l'embouchure du fleuve, un chargement considérable, des provisions pour moi...

GERVAIS.

De nouveaux détenus ?

RENAUD.

Non ! cette fois il n'y a que des femmes ! une attention du gouvernement qui nous les envoie pour peupler la colonie.

MARGUERITE, s'avançant.

O ciel ! ces pauvres femmes !

RENAUD.

Allez ! elles ne sont pas à plaindre ! elles riaient ! fallait les entendre ! excepté une seule qui est jolie... mais qui pleure toujours ! sans cela, et comme j'ai le droit de choisir, je la prendrais pour moi !

MARGUERITE, avec effroi.

O mon Dieu ! qu'est-ce qu'elle a donc fait pour ça ?...

RENAUD.

C'était, dit-on, la maîtresse d'un grand seigneur... qui, dans une querelle... dans une orgie... aurait été blessé ou tué...

MARGUERITE.

Par elle ?

RENAUD, froidement.

C'est possible !... on n'est pas parfait !... on parle aussi de diamants qui auraient disparu... enfin ! ça ne me regarde pas... elle m'a été remise ce matin... avec les autres ! l'envoi était régulier... j'en ai donné un reçu... et maintenant qu'elle est sous ma garde...

MARGUERITE, d'un air suppliant.

Vous serez bon pour elle.

RENAUD, durement.

Pourquoi faire ?

MARGUERITE, de même.

Bon et clément !

RENAUD, de même.

A quoi bon ? (Avec ironie.) clément ! (Regardant Marguerite.) Qu'est-ce qu'elle a donc, celle-là ?

GERVAIS, vivement.

C'est ma femme !... une femme qui mérite l'estime et le respect de chacun !

RENAUD.

C'est différent ! jusqu'ici, je n'avais encore rien rencontré de pareil dans la société...

GERVAIS, bas à Marguerite.

Je le crois bien ! dans la sienne ! ! (Regardant à gauche par-dessus les palissades.) Ah ! mon Dieu ! une longue charrette découverte...

RENAUD.

C'est mon équipage !

GERVAIS, regardant toujours.

Exposée à un soleil ardent... et gardée par une escouade de soldats de la colonie.

RENAUD.

Qui ont ordre de faire feu à la moindre tentative d'évasion...

GERVAIS.

Elle est bien impossible ! ces pauvres malheureuses sont attachées deux à deux par le milieu du corps...

RENAUD, buvant toujours.

C'est ma méthode à moi, pour fixer la beauté...

GERVAIS, regardant toujours à gauche.

Eh ! mais... je ne me trompe pas... en voilà une qui penche la tête... elle se trouve mal.

MARGUERITE, à droite, près de Renaud.

Monsieur !... monsieur !... ordonnez qu'on la détache... qu'on puisse lui porter quelques secours...

RENAUD, froidement.

Ce n'est pas dans mes instructions.

GERVAIS.

C'est vrai, monsieur Renaud ! (Prenant la bouteille qui est sur la table.) mais la bouteille est vide, et pendant que vous en boirez une seconde, on pourra la rappeler à la vie !...

(Marguerite s'élance dans la cave à droite.)

RENAUD, souriant.

Une seconde bouteille, dites-vous ?

GERVAIS.

Oui ! vous consentez, n'est-ce pas ?

RENAUD, remontant vers le fond et parlant à la cantonade.

Qu'on détache cette femme, et qu'on l'amène !

GERVAIS.

Et puis qu'on mette la charrette là-bas, à l'ombre sous ce grand hangar... ainsi que les soldats qui ne la quitteront pas.

(Marguerite sort vivement de la cave dont elle laisse la porte ouverte, et place une bouteille sur la table devant Renaud.)

RENAUD, la débouchant.

Vous faites de moi tout ce que vous voulez, madame Gervais ! (Levant son verre.) Hommage à la vertu !

SCÈNE V.

Les mêmes ; MANON en robe de bure de couleur brune, amenée de la gauche par Deux Nègres qui la soutiennent. Gervais lui approche une chaise sur laquelle on l'asseoit, et Marguerite lui humecte le front et les tempes avec de l'eau fraîche. Manon, qui a tenu la tête penchée sur sa poitrine, revient à elle peu à peu, relève la tête, aperçoit Marguerite debout près d'elle en robe blanche avec le bouquet et la couronne de mariée ; toutes deux poussent un cri en même temps.

MARGUERITE.

Dieu tout-puissant !

MANON.

Dieu juste !

MANON et MARGUERITE.

Ah ! qu'est-ce que je vois ?

MANON, à Marguerite, qui veut se jeter dans ses bras, et à demi-voix.

Ne me reconnais pas, Marguerite, et pour toi,
Tais-toi, tais-toi !

SCÈNE VI.

Les mêmes ; Indiens, Nègres, Négresses, Créoles.

(On entend dans le lointain sonner les cloches de la chapelle. Les Indiens, les nègres et négresses accourent de tous côtés en dansant et en se donnant le bras ; ils entourent Gervais et Marguerite, à qui ils offrent des bouquets.)

CHOEUR vif et bruyant.

Plaisir et joyeuse ivresse !
Le ciel, dans cet heureux jour,
Récompense la sagesse
Et le travail et l'amour !

(Manon se détourne et cache sa tête dans ses mains.)

UN NÈGRE et UNE CRÉOLE, à Gervais et à Marguerite.
Entendez-vous à la chapelle
Les doux époux que l'on appelle ?

LE NÈGRE.
Bon curé vous attend.

LA CRÉOLE.
Et le bonheur aussi !

GERVAIS, prenant le bras de Marguerite qui voudrait rester près de Manon.
On nous attend; partons... partons...

MARGUERITE, résistant.
Mais... mon ami...

GERVAIS.
Qu'as-tu donc ?

MARGUERITE.
Rien.

GERVAIS.
Alors, viens vite.

MARGUERITE, regardant toujours Manon.
Mais... c'est que...

GERVAIS, vivement.
Tu le vois... je l'ai dit... elle hésite...

MARGUERITE, vivement.
Moi ! par exemple !...

GERVAIS.
Eh bien ?

MARGUERITE, s'adressant à Renaud avec hésitation.
Pendant l'ardeur du jour...
Si vous vouliez, ici, jusqu'à notre retour,
 Attendre... à l'ombre !... et du repas de noce
Accepter votre part ?

GERVAIS, avec humeur à Marguerite.
Quoi, tu l'inviterais ?...

RENAUD.

Si ce n'est pas trop long...

MARGUERITE, à part, avec joie.

Le voilà moins féroce.

RENAUD.

La consigne un instant pourra s'oublier... mais
C'est pour vous, madame Gervais.
(Levant son verre.)
Hommage à la vertu!

LE CHŒUR.

Plaisir et joyeuse ivresse, etc.

(Gervais, suivi des Indiens et des nègres, entraîne Marguerite dont il a pris le bras, et qui sort en adressant à Manon des regards d'amitié et de consolation.)

SCÈNE VII.

MANON, à droite ; RENAUD, à gauche devant la table.

RENAUD, suivant la noce des yeux.

Se marier!!... voilà une drôle d'idée!... ce Gervais est un original!... enfin!... il y en a comme ça... il en faut! (Se retournant vers Manon qui, assise à droite, cache toujours sa tête dans ses mains.) Ah çà, dites donc, la belle éplorée... ça commence à m'ennuyer... d'autant que je veux bien te l'avouer... j'ai des vues sur toi... mais faut en être digne et mériter ton bonheur par un air plus jovial!... (Entendant du bruit à gauche, et saisissant sa canne.) Hein? qu'est-ce que c'est?... est-ce qu'on n'est pas content là-bas? (S'appuyant sur la palissade et regardant.) Ah! c'est encore le même... il menace... non... il supplie nos soldats... un jeune voyageur... jolie tournure... tenue de gentilhomme, qui, depuis trois lieues environ, et par le soleil qu'il fait, suit de loin, à pied, et toujours courant, notre charrette dont nos soldats l'empêchaient d'approcher! Quel diable de plaisir!

lui, qui n'y est pas forcé! par la mordieu! à qui en veut-il?... Je le saurai! (Criant par-dessus la palissade.) Laissez-le passer!

SCÈNE VIII.

MANON, assise à droite, DESGRIEUX, RENAUD.

(Desgrieux entre vivement par la porte à gauche, regarde autour de lui, aperçoit Manon qui, au bruit de ses pas, lève la tête.)

TRIO.

DESGRIEUX, poussant un cri.
Manon!

MANON, de même.
C'est lui!

DESGRIEUX.
C'est elle!

MANON et DESGRIEUX, se jetant dans les bras l'un de l'autre.
Enfin, te voilà! te voilà!

RENAUD, à part, les regardant.
Quelle ardeur!...
(Haut.)
C'est assez! à mon devoir fidèle,
Je dois vous séparer!

MANON et DESGRIEUX.
Déjà!

RENAUD.
Sur-le-champ! ou j'appelle!

DESGRIEUX.
Ah! monsieur l'inspecteur, quelques instants encor,
Cinq minutes!

RENAUD.
Discours frivole!
DESGRIEUX.
Dussé-je les payer, monsieur, au prix de l'or!
RENAUD, riant.
Ta, ta, ta, ta! c'est bon pour la parole!
DESGRIEUX, avec chaleur.
Un louis d'or par minute?
RENAUD, vivement.
Comptant!
DESGRIEUX, portant la main à son gousset.
Les voici!
RENAUD.
C'est différent!
DESGRIEUX, les sortant de sa poche.
Les voici! les voici!
RENAUD, tirant sa montre.
Quand on est ponctuel, moi, je le suis aussi.

DESGRIEUX, comptant des pièces d'or sur la table à gauche.
Un, deux, trois, quatre, cinq!
(Quittant Renaud, qui met les louis dans sa poche, et courant près de Manon.)
C'est toi, ma bien-aimée!
MANON.
Toi, l'ami de mon cœur!
DESGRIEUX.
Mon âme ranimée
S'ouvre encore au bonheur!
MANON.
Par toi l'infortunée
Dont on flétrit les jours,
N'est pas abandonnée...

DESGRIEUX.

Moi! je t'aime toujours!
Tu le vois bien... toujours!

RENAUD, tirant sa montre et comptant les minutes.

Une!

DESGRIEUX et MANON.

Le malheur, l'infamie,
En vain brisent nos jours;
A toi, mon sang, ma vie!
A toi mes seuls amours!
A présent et toujours,
A toi mes seuls amours!
Toujours! toujours! toujours!

RENAUD, comptant toujours.

Deux!

DESGRIEUX, à Manon.

Le marquis, par moi, frappé d'un coup fatal,
En déchirant l'écrit signé par son rival,
M'a d'un cœur généreux préservé du supplice!

RENAUD, de même.

Trois!

DESGRIEUX.

Sorti de prison!... et libre, libre enfin,
Je te cherchais!... Une horrible injustice
Te condamnait à ce climat lointain!
Sur le navire où l'on t'avait placée
Je pris passage!

MANON, avec reconnaissance.

Toi!

DESGRIEUX.

Mais vois quel sort affreux!...

RENAUD, de même.

Quatre!

DESGRIEUX.

Près l'un de l'autre, et séparés tous deux,

Impossible, pendant toute la traversée,
Toi, prisonnière, toi, soustraite à tous les yeux,
De t'entrevoir... de te parler!... et toi?
Que faisais-tu?

MANON.
Moi! je pensais à toi!

RENAUD, regardant sa montre.
Cinq!
(S'approchant d'eux.)
Cinq minutes!

DESGRIEUX et MANON.
Ciel!

RENAUD, brutalement.
Allons, qu'on se sépare!

MANON, avec désespoir.
Déjà!

DESGRIEUX, de même.
Déjà! quand j'avais tant encor
De choses à te dire!

RENAUD, brusquement.
Allons, qu'on se sépare!
Sinon... j'appelle!

MANON.
Ah! barbare! barbare!

DESGRIEUX, frappant sur ses poches et poussant un cri de joie, en s'adressant à Manon.

Rassure-toi! je crois qu'il me reste de l'or!

RENAUD, d'un air défiant.
En êtes-vous bien sûr?

DESGRIEUX, tirant quelques pièces de sa poche.
La fin de mon trésor!

(Les comptant dans le chapeau de Renaud.)
Un, deux, trois, quatre, cinq.

(Avec joie.)
Pour nous quel heureux sort!
(Courant près de Manon; reprise du premier motif.)
O toi, ma bien-aimée!

MANON.
Toi, l'ami de mon cœur!

DESGRIEUX.
Mon âme ranimée
S'ouvre encore au bonheur!

MANON.
Par toi l'infortunée
Dont on flétrit les jours,
N'est point abandonnée!

DESGRIEUX.
Moi! je t'aime toujours!

RENAUD, regardant sa montre et comptant.
Une!

MANON et DESGRIEUX.
Le malheur, l'infamie, etc.

RENAUD, comptant sur sa montre.
Deux!

DESGRIEUX.
J'oubliais l'important... cet écrin...
Tu sais...

MANON.
Qu'on m'accusait d'avoir fait disparaître!
Quelle infamie!

DESGRIEUX.
Eh bien! je ferai reconnaître
La vérité!

RENAUD, comptant.
Trois!

DESGRIEUX.

Oui! c'est Lescaut ton cousin!
Depuis j'en eus la preuve! En France on écrira,
Et justice l'on nous rendra!
O toi ma bien-aimée!

MANON.

O l'ami de mon cœur!

DESGRIEUX.

Sois enfin ranimée
Par l'espoir du bonheur.

MANON et DESGRIEUX.

Enfin la destinée
Semble offrir à nos jours,
Chance plus fortunée
Et riantes amours!

RENAUD, comptant toujours.

Quatre!

MANON et DESGRIEUX.

Sur ton bras je m'appuie,
Et quels que soient nos jours,
A toi mon sang, ma vie!
A toi mes seuls amours!
A présent et toujours,
A toi mes seuls amours!
Toujours! toujours! toujours!

RENAUD, regardant sa montre.

Cinq minutes!

DESGRIEUX et MANON.

O ciel!

RENAUD, montrant la montre à Desgrieux.

Cinq! vous le voyez bien!
Il faut partir!

DESGRIEUX.

Et rien! il ne me reste rien!

Ensemble.

DESGRIEUX, à Manon qu'il presse contre son cœur.

O barbarie!
Te perdre encor,
Toi, ma chérie,
Mon seul trésor!
Tu resteras,
Dût le trépas
M'atteindre, hélas!
Entre tes bras!

MANON.

O barbarie!
Te perdre encor,
Mon bien, ma vie,
Mon seul trésor!
Tu resteras,
Dût le trépas
M'atteindre, hélas!
Entre tes bras!

RENAUD, comptant les louis d'or.

Un, deux, trois, quatre, cinq, six, sept, huit, neuf et dix,
Les beaux louis,
Qu'ils sont jolis!
(Montrant son gousset.)
En ce logis,
Mes chers amis,
Soyez admis!
(S'adressant à Desgrieux et à Manon.)
Assez causé! la loi condamne
L'amour exclusif qui vous tient.
(Montrant Manon.)
De droit, cette belle appartient
Aux colons de la Louisiane!
(Geste d'indignation de Desgrieux.)
Rassurez-vous, c'est moi qui la prends pour sultane!

DESGRIEUX, *le prenant au collet et le secouant.*
Misérable!... crains mon courroux!

RENAUD.
M'oser toucher!
(*Courant prendre sa canne.*)
A genoux!
(*S'avançant sur Desgrieux et sur Manon, la canne haute.*)
Tous les deux... à genoux!...
Ou je vous brise sous mes coups!
(*Desgrieux tire de sa poche un pistolet dont il présente le canon à Renaud qui s'arrête immobile et abaisse sa canne. En ce moment, Marguerite entre par le fond à droite, mais elle n'avance pas et reste cachée derrière la porte de la cave qui est demeurée ouverte.*)

Ensemble.

DESGRIEUX, *toujours menaçant Renaud qui recule pas à pas.*
Si tu t'avances,
Je punis, moi,
Tes insolences.
Tais-toi! tais-toi!
N'appelle pas,
Et pas un pas,
Ou, de mon bras,
Crains le trépas!

RENAUD, *reculant toujours vers la droite.*
Fatale chance!
Je meurs d'effroi;
Et si j'avance,
C'est fait de moi!
Ne faisons pas
Vers eux un pas;
N'appelons pas,
Ou le trépas!

MANON, *près de Desgrieux, à gauche.*
Quelle imprudence!
Modère-toi.
Plus d'espérance,

Je meurs d'effroi.
(A Renaud.)
N'avance pas,
N'appelle pas,
Ou, de son bras,
Crains le trépas!

MARGUERITE, au fond, et derrière la porte de la cave.

Quelle imprudence!
Je meurs d'effroi.
Mais du silence,
Et restons coi.
N'avançons pas;
Mais sur son bras,
Mais sur leurs pas,
Veillons, hélas!

(Desgrieux présente toujours le pistolet à Renaud qui recule devant lui, jusqu'aux premières marches de la cave. Au moment où il y entre, Marguerite qui est derrière la porte la pousse, enferme Renaud et se trouve face à face avec Manon et Desgrieux étonnés.)

SCÈNE IX.

MANON, DESGRIEUX, MARGUERITE, adossée contre la porte de la cave.

MARGUERITE, à Desgrieux et à Manon, qu'elle regarde en se croisant les bras.

C'est donc vous que je revois... aussi insensés et aussi malheureux que par le passé!

DESGRIEUX, vivement et montrant Manon.

Elle n'est pas coupable! croyez-moi bien!

MARGUERITE.

Mais vous l'êtes tous les deux en ce moment envers M. Renaud, dont la vengeance sera implacable!... Sur sa seule déclaration, on vous condamnera sans vous entendre... il n'y a pas de justice en ce pays! et il y en aurait, que bien souvent encore... (S'interrompant.) Enfin... il faut vous cacher... mais ici... impossible!

DESGRIEUX, montrant Manon.

Je l'emmène!

MARGUERITE.

Où ça?

DESGRIEUX.

Au fort Saint-Laurent, où j'ai des amis; là, nous serons en sûreté.

MARGUERITE.

Mais pour y arriver, il faut traverser le désert.

DESGRIEUX.

Qu'importe!...

MARGUERITE.

Mais sans parler d'autres dangers, comment sortir d'ici?

DESGRIEUX.

Je suis libre!

MARGUERITE, à Desgrieux.

Vous!... (Montrant Manon.) mais elle?

MANON, montrant la palissade à gauche, par-dessus laquelle elle vient de regarder.

C'est vrai!... de ce côté, mes gardiens.

DESGRIEUX, montrant la droite.

Et de celui-ci?...

MARGUERITE.

C'est une fatalité! un détachement de soldats vient d'arriver au-devant du gouverneur dont on a signalé le vaisseau et qui doit débarquer aujourd'hui...

MANON, avec désespoir.

O mon Dieu! mon Dieu!

DESGRIEUX, avec frayeur et regardant à droite.

On vient!... on vient...

MANON, courant se jeter dans les bras de Desgrieux.

C'est fait de nous!

MARGUERITE.

Non!... c'est mon mari!

SCÈNE X.

MARGUERITE, à gauche; GERVAIS, DESGRIEUX et MANON, à droite.

GERVAIS, allant à Marguerite sans voir Desgrieux ni Manon.

Enfin, et non sans peine, ma femme est à moi, et maintenant je ne la quitterai plus!

MARGUERITE.

Si vraiment!

GERVAIS, étonné.

Que dis-tu?

MARGUERITE.

Qu'il faut partir!

GERVAIS.

Moi!...

MARGUERITE.

Sur-le-champ!

GERVAIS.

Et pourquoi?

MARGUERITE.

Pour sauver des amis!... des amis malheureux qui ne méritent pas leur sort! et une bonne action, un jour de noce... ça commence bien un ménage! ça lui porte bonheur!

GERVAIS.

Mais songe donc...

MARGUERITE, vivement.

Et puis, tu seras revenu ce soir! qu'est-ce que je dis donc?... bien avant!

GERVAIS, se grattant l'oreille.

J'entends bien! c'est l'essentiel... mais cependant...

MARGUERITE.

Bien! bien! tu consens!

GERVAIS, après avoir un instant hésité.

Eh bien! oui...

(Il embrasse Marguerite.)

MARGUERITE.

Où sont les soldats qui viennent d'arriver de la ville?

GERVAIS.

Dans la grande salle... où ils se reposent...

MARGUERITE, à Desgrieux.

Cette grande salle... qu'il faut traverser...

GERVAIS.

Et puis à la porte de l'habitation ils ont placé plusieurs factionnaires.

MARGUERITE, de même, à Desgrieux.

Devant lesquels il faudra passer...

MANON, montrant son costume.

Et avec moi, c'est impossible.

MARGUERITE.

Peut-être!

QUATUOR.

MARGUERITE.

Courage! amis, Dieu nous regarde,
Avec nous il est de moitié.
Marchons sans crainte sous la garde
De l'amour et de l'amitié!

(A Desgrieux.)
Veillez au loin!

(A Manon.)
Et nous... de cette robe brune,
Triste souvenir d'infortune,
Défaisons-nous d'abord...

(A Gervais qui s'avance.)
Toi, ne regarde point...

MANON, à Marguerite qui dénoue sa robe.

Mais quel est ton dessein, ma chère?

MARGUERITE, détachant toujours la robe de Manon, qui reste en jupe de dessous blanche.

Qu'on ne raisonne pas et qu'on me laisse faire;
C'est là, pour moi, le premier point.

(Otant de sa tête à elle la couronne et le voile de mariée.)

Que ce long voile blanc te couvre... t'environne
Et te dérobe aux regards curieux!
Pour mieux l'assujettir, plaçons cette couronne...

MANON, la repoussant.

Y penses-tu?

MARGUERITE, avec impatience.

Je le veux! je le veux?

MANON.

Qui? moi! porter ce noble signe?
Non! non! mon front n'en est pas digne!

MARGUERITE.

Deux vertus l'ont purifié.
(Montrant Manon.)
Le repentir!...

DESGRIEUX, montrant Marguerite.

Et l'amitié!

Ensemble.

TOUS LES QUATRE.

Du courage! Dieu nous regarde! etc.

MARGUERITE, à Gervais, lui montrant Manon, à qui elle a donné sa
couronne et son bouquet de mariée.

Toi, maintenant, traverse la grand'salle,
Tenant ta femme sous le bras !
(A Desgrieux.)
Vous, suivez-les... vous verrez nos soldats,
Du costume admirant la blancheur nuptiale,
(Montrant Manon.)
Avec respect s'incliner sur ses pas !

GERVAIS.

Mais ceux en faction m'inspirent des alarmes...

MARGUERITE, gaiement.

Devant les mariés ils porteront les armes.
(A demi-voix à Gervais.)
Lorsque loin du danger tu les auras conduits,
Reviens!... pour qu'on te paie !

GERVAIS, avec joie.

Oui ! oui ! je me dépêche !

MARGUERITE, au chevalier.

Et vous, pour le désert, tenez... prenez ces fruits !
Emportez surtout cette eau fraîche.
(Lui présentant un panier de provisions dont Gervais se saisit. — Gaiement et avec émotion.)
Et maintenant... partez ! mes trois amis.

Ensemble.

TOUS LES QUATRE.

Du courage ! Dieu nous regarde ! etc.
(Gervais, donnant le bras à Manon, sort par la porte du fond à droite.
Desgrieux marche derrière eux.)

SCÈNE XI.

MARGUERITE, regardant par la porte qui est restée ouverte et les suivant des yeux.

Ils s'avancent dans la salle... bien! je m'en doutais!... l'officier les salue... les soldats aussi! ils sortent... aucun obstacle... (Écoutant.) Tout aura réussi... car je n'entends rien! (On entend un coup de canon.) Ah! mon Dieu!... un coup de canon!... est-ce pour signaler leur fuite!... (Écoutant à gauche.) De ce côté quels cris!... (Écoutant à droite Renaud qui frappe avec force à la porte de la cave.) et de celui-ci, quel tapage!
(Elle va ouvrir.)

SCÈNE XII.

MARGUERITE, RENAUD, apparaissant sur le pas de la porte.

MARGUERITE, jouant l'étonnement.

Dieu! monsieur Renaud!... Par quel hasard étiez-vous là, dans notre cave?

RENAUD, avec colère.

J'y étais... j'y étais...

MARGUERITE.

Pour chercher la fraîcheur?

RENAUD, de même.

Non!

MARGUERITE.

Pour chercher du vin!... il fallait nous le dire.

RENAUD, brusquement.

Il s'agit bien de cela... N'entendez-vous pas le bruit du canon?...

MARGUERITE, avec effroi.

Eh bien?...

RENAUD.

C'est le nouveau gouverneur qui débarque en ce moment, le marquis d'Hérigny.

MARGUERITE, poussant un cri de joie.

Le marquis d'Hérigny ! vous en êtes sûr !...

RENAUD, sortant vivement.

Eh oui ! celui que le régent vient de nommer !

MARGUERITE.

Ah ! quel bonheur !... Manon ! Desgrieux ! vous êtes sauvés !

(Elle sort en courant par le fond.)

Deuxième tableau.

L'entrée d'une forêt dans un désert de la Louisiane.

SCÈNE XIII.

DESGRIEUX, pâle et blessé, soutient MANON qui marche avec peine. Tous deux s'avancent lentement.

DUO.

DESGRIEUX.

Errants, depuis hier dans ces steppes sauvages
Nous avons de notre chemin
Perdu la trace !

MANON.

Et de ce ciel d'airain
L'ardeur me brûle !

DESGRIEUX, lui montrant l'entrée de la forêt.
Viens! et cherchons des ombrages
Là-bas sous ces forêts!... encore quelques pas!
MANON.
C'est trop loin! je ne peux!... et puis... je n'ose pas!

ROMANCE.

Premier couplet.

Je crois encor de ce tigre sauvage
    Entendre le rugissement!
Tu m'as sauvée... ami, par ton courage!
(Montrant le bras de Desgrieux qui est taché de sang.)
    Mais ce fut au prix de ton sang!
Dans ces déserts la terreur m'environne,
    Et j'ai beau faire... malgré moi...
(Portant la main à son cœur.)
Je me sens là mourir!
(Avec amour.)
Non, non, pardonne!
(Se serrant contre lui.)
Je suis bien!... je suis près de toi!

Deuxième couplet.

Autour de nous la solitude immense
    S'étend toujours... toujours... hélas!
Et du désert rien ne rompt le silence...
    Rien!... que le bruit sourd de nos pas!
Ce ciel de feu qui sur nos fronts rayonne
    M'anéantit!... Et malgré moi
Je me sens là mourir...
(Avec amour.)
Non, non, pardonne!
Je suis bien!... je suis près de toi!
(Elle le presse dans ses bras.)
Mais toi-même?
(Le regardant.)
O ciel! il chancelle!

(Elle l'aide à s'asseoir sur un quartier de roche. — Regardant son bras.)
Sa blessure d'hier !... Une pâleur mortelle
  Couvre son front !
    (Elle prend la gourde et lui fait boire le peu d'eau qui y reste.)
          Reprends tes sens, ami !
  (Le regardant.)
Il revient... il renait !

          DESGRIEUX, ouvrant les yeux.
              Merci ! merci !

  (Se levant.)
    Ce n'était rien !... marchons, ma bien-aimée ;
Le pourras-tu ?

          MANON, s'efforçant de paraître forte.
              Mais oui... je m'appuirai sur toi !

          DESGRIEUX, prenant la gourde.
Tiens ! par cette eau d'abord que ta soif soit calmée !
    (Avec terreur.)
Plus rien !... rien !

          MANON, souriant.
              A quoi bon ?... je n'ai pas soif !... crois-moi.

              Ensemble.

          MANON, s'efforçant de sourire.
          Je ne souffre plus ! je respire !
          Je sens renaître, avec bonheur,
          Et sur mes lèvres le sourire,
          Et l'espérance dans mon cœur.

              DESGRIEUX.
          Son sein plus doucement respire !
          Je vois renaître, avec bonheur,
          Et sur ses lèvres le sourire,
          Et l'espérance dans son cœur.
(A la fin de cet ensemble, Manon, qui a jusque-là cherché à se contraindre,
    succombe à ses souffrances.)

DESGRIEUX, se précipitant vers elle.

Ah! qu'as-tu donc?...

MANON.

Ma force expire.
Je succombe!... va-t'en! va-t'en!

DESGRIEUX.

Qu'oses-tu dire?...

MANON, mourante.

C'est ici que ma vie...
Doit s'éteindre... et finir.
Va-t'en, je t'en supplie,
Et laisse-moi mourir!

DESGRIEUX, avec force.

Non, non... unis pendant la vie,
La mort doit nous unir!
A tes côtés, amie,
Je reste pour mourir.

(Il soutient dans ses bras et étend sur le sol Manon, qui n'a pas quitté sa main et qui l'attire vers elle.)

MANON, à Desgrieux qui se penche pour l'écouter.

Plus près... plus près encore... un seul instant me reste.
(Joignant les mains.)
Pardonne-moi les maux qu'hélas! je t'ai causés.
Je n'ai jamais aimé que toi... je te l'atteste ;
Que par ce mot mes torts soient excusés!

Ensemble.

MANON.

Oui... je sens... que ma vie
Va s'éteindre et finir...
Va-t'en, je t'en supplie!
Et laisse-moi mourir!

DESGRIEUX.

Unis pendant la vie,
La mort doit nous unir !
A tes côtés, amie,
Je reste pour mourir !

DESGRIEUX, sanglotant.

Mon cœur se brise !

MANON.

Allons ! sèche tes pleurs,
Je suis heureuse, ami, car dans tes bras je meurs,
Et n'aurais dans mon âme
Rien... rien à désirer !... si je mourais ta femme !

DESGRIEUX, avec exaltation.

Ce sera !... par le Dieu qui doit lire en nos cœurs !

MANON.

Et comment ? seuls, ici ?... dans ce désert immense...

DESGRIEUX, de même.

Où tout d'un Dieu vivant atteste la puissance !
Dans ces vastes forêts
Dont les dômes épais
Nous serviront de temple,
A la face du ciel
Et devant l'Eternel,
Qui tous deux nous contemple,
A genoux ! à genoux !

(Manon se soulève, s'appuie d'une main sur la terre et lève l'autre au ciel.)

Mon Dieu, jette sur nous un regard favorable !

MANON, priant à demi-voix.

Pardonnez-nous !

DESGRIEUX.

Tu fis du repentir la vertu du coupable !

MANON.

Pardonnez-nous !

DESGRIEUX.

Le malheur châtia notre coupable flamme.

MANON.

Pardonnez-nous !

DESGRIEUX.

Accepte nos serments, et qu'elle soit ma femme !
(Les harpes retentissent à l'orchestre comme annonçant la réponse qui descend du ciel.)

MANON, avec exaltation.

Sa femme !... je suis sa femme !

Comme un doux rêve,
Ce jour s'achève !
Mon cœur s'élève
Vers l'Éternel !
Je suis sa femme !
Je sens mon âme,
Rayon de flamme,
Monter au ciel.

Oui... je vais... moi, ta femme,
T'attendre dans le ciel !
(Sa voix expire, sa tête tombe sur sa poitrine.)

DESGRIEUX, au désespoir, se jette sur son corps, baise ses mains, ses cheveux, la regarde, lui parle et veut se faire entendre d'elle.

Manon ! Manon... c'est moi qui t'appelle et qui t'aime ;
Écoute-moi !... réponds !
(Avec désespoir.)
Soins superflus
Rien ! rien !... ton cœur du moins...

(Il met la main sur son cœur et écoute quelque temps, puis s'écrie, éperdu et hors de lui.)

Ah ! son cœur même
Ne me répond plus !
(On entend au loin dans le désert un air de marche. Desgrieux se relève et écoute.)
Qu'entends-je ? ô ciel !

SCÈNE XIV.

Les mêmes ; MARGUERITE, GERVAIS, Nègres et Indiens.

MARGUERITE et GERVAIS, entrant les premiers et apercevant Manon et Desgrieux.

Les voilà ! ce sont eux !
(Courant à eux.)
Sauvés !

GERVAIS, à Desgrieux.
Le gouverneur, ennemi généreux...

MARGUERITE, à Manon.
M'envoie, et c'est enfin le bonheur qu'on t'apporte !
(Se penchant sur le corps de Manon.)
Libre... justifiée... entends-tu ?...

DESGRIEUX, montrant Manon.
Morte !

TOUS, avec effroi.
Morte !
Les uns l'entourent et se penchent vers elle, d'autres se mettent à genoux et prient.)

TOUS.
Pauvre enfant, que l'orage
Brisa sur son passage,

Tu cesses de souffrir !
Et Dieu, dans sa clémence,
A placé l'espérance
Auprès du repentir !

TABLE

	Pages
LA FIANCÉE DU DIABLE.	1
JENNY BELL.	109
MANON LESCAUT.	233

www.ingramcontent.com/pod-product-compliance
Lightning Source LLC
Chambersburg PA
CBHW050253170426
43202CB00011B/1672